Slow Cooking 2023

Nydelige Retter som Tar Tiden til Hjelp

Ingrid Hansen

Indeks

Eggesalat 10

Bestemors ostesuppe 12

Krydret osteegg 14

Saltet eggkrem 16

Indisk stil eggemuffins 18

Paprika og egg "smørbrød" 19

Ost, pølse og grønnsaksstek 21

Avokado, geitost og eggemuffins 23

Avokadobåter - krydret og fylt 25

Ølsaus med ost 27

Sunn frokost wraps 29

Keto ost pizza 30

Krydret Habanero-egg 32

Eggesalat med sennepsfrødressing 34

eggesalat 36

Gryte med asparges og ost 38

festlige frokostegg 40

Grønn saus med ost og sennep 41

Blomkålsaus med ost 42

Den beste Keto-frokosten 44

Deilige Keto Wraps 46

Pølse- og tomatgryte 48

Biffstuing med rosmarin og pastinakk 49

Italiensk kylling- og spinatstuing 50

Kylling- og okragryte 51

Erte- og kalkunstuing 53

Kalkun og rosenkålstuing 55

Lamme- og pepperstuing 57

Svinegryte med kanel 58

Svinegryte med pesto 59

Storfekjøtt og kålrotstuing 60

Lamme- og tomatgryte med oregano 61

Oksegryte med pepper 62

Sitrongrønnkål og kyllinggryte 63

Estragon kjøttgryte 64

Bacon og spinatstuing 65

Reker og torskestuing 66

Grønne bønner og kyllinggryte 67

Gurkemeie Quinoa og Kyllinggryte 68

lett lunsjsuppe 70

Amerikansk grønnsakssuppe 72

Bolognese suppe 74

Skinke og asparges suppe 76

En annerledes bryllupssuppe 78

oksehalesuppe 80

taco suppe 82

Minestronesuppe 84

Kokos tomatsuppe 86

kremet kyllingsuppe 88

Skinke og bønnesuppe 90

Soppsuppe med kylling 92

kyllingsuppe 94

Italiensk pølsesuppe 96

Kikertsuppe med grønnsaker 98

kjøttbollesuppe 100

Muslingsuppe 103

Pølsesuppe med bacon og sopp 105

Kalkunsuppe og Daikon 107

Oppskrift på svinekjøtt og grønnsaksbuljong 109

oppskrift på kyllingbuljong 111

Oppskrift på oksebuljong 113

Pepperbuljong oppskrift 115

oppskrift på laksebuljong 117

Oppskrift på bakt tomatsaus 119

Urtekylling oppskrift 121

Cashew ostesaus oppskrift 123

Tunisiske kikerter oppskrift 125

marinara saus oppskrift 127

Oppskrift på kyllinggrønnkålbuljong 129

oppskrift på søt karamellsaus 130

Super rask oppskrift på hvitløkssaus 131

saus oppskrift 132

Oppskrift på kyllingsoppbuljong 134

Sjømat Gumbo oppskrift 136

Oppskrift på tomat- og krabbebuljong 138

oppskrift på ansjosbuljong 140

Oppskrift på tomat og basilikumsaus 141

oppskrift på grillsaus 143

Oppskrift på sopp og maisbuljong 145

appelsinsaus 147

eplemos 148

Rosmarin og tranebærsaus 149

Eple- og jordbærsaus 150

Gresskar eple kanelsaus 151

kyllingbeinbuljong 152

rester av kalkunkraft 153

Bolognese saus 154

krydret biffbuljong 155

Kyllingtimiankraft 157

Krydret lammefond 158

klassisk oksebuljong 160

selleri lammekraft 161

Smør ostesaus 162

Ost Løksaus 164

Enchiladasaus 165

Karri tomatsaus 167

Mesan basilikumsaus 169

Tomatsaus og geitost 171

Marinara saus 173

Eplesaus med løk 175

Pastasaus 177

Grønn saus 179

soppsaus 181

Hvitløksaus 183

Spesiell BBQ-saus 185

vannmelon grillsaus 187

Bacon Bolognese saus 189

cashew saus 190

Jordbærsaus 193

Tranebærsaus 195

Stekt tomatsaus 197

Basilikum tomatsaus 199

Aubergine bolognese saus 201

Betetomatsaus 202

Bolognese linsesaus 205

Eple- og kanelsaus 207

krydret indisk saus 209
Instant Marinara saus 211
Potet- og rekesalat 213
Artisjokkpasta med ost 215
Vegansk kokosrisottopudding 216
Vanilje avokadopudding 217

Eggesalat

Forberedelsestid: 30 minutter

Porsjoner 4

Næringsverdier per porsjon: 342 kalorier; 29,2 g fett; 3,2 g totalt karbohydrater; 12,7 g protein; 1,6 g sukker

Ingredienser

- 6 egg
- 1/2 pund grønne bønner, trimmet
- 1 kopp vann
- 3 skiver skinke, hakket
- 1/2 kopp grønn løk, hakket
- 1 gulrot, revet
- 1/2 kopp majones
- 1 ss eplecidereddik
- 1 ts gul sennep
- 4 ss smuldret Gorgonzola ost

bruksanvisning

1. Hell vann i Instant Pot; legg til en steamer-kurv i bunnen. Legg eggene i en dampkurv.
2. Fest lokket. Velg "Manuell" modus og Høytrykk; kok i 5 minutter. Når tilberedningen er fullført, bruk en naturlig trykkavlaster; fjern dekselet forsiktig.

3. La eggene avkjøles i 15 minutter. Skrell eggene og skjær dem i skiver.
4. Tilsett deretter grønne bønner og 1 kopp vann til Instant Pot.
5. Fest lokket. Velg "Manuell" modus og lavt trykk; kok i 5 minutter. Når tilberedningen er fullført, bruk en hurtig trykkutløser; fjern dekselet forsiktig.
6. Overfør de grønne bønnene til en salatskål. Tilsett skinke, sjalottløk, gulrøtter, majones, eddik og sennep. Topp med gorgonzolaost og egg i skiver. Sette pris på!

Bestemors ostesuppe

Forberedelsestid: 25 minutter

Porsjoner 4

Næringsverdier per porsjon: 530 kalorier; 37,6 g fett; 4,2 g totalt karbohydrater; 43,1 g protein; 1,9 g sukker

Ingredienser

- 2 ss smør, smeltet
- 1/2 kopp purre, finhakket
- 2 kyllingbryst, trimmet og kuttet i små biter
- 1 gulrot, hakket
- 1 stangselleri, hakket
- 1/2 ts granulert hvitløk
- 1 ts basilikum
- 1/2 ts oregano
- 1/2 ts fennikel
- 4 ½ kopper grønnsaksbuljong
- 3 gram tung krem
- 3/4 kopp cheddarost, revet
- 1 ss fersk persille, grovhakket

bruksanvisning

1. Trykk på "Saut"-knappen for å varme Instant Pot. Smelt nå smøret og kok purren til den er myk og duftende.
2. Tilsett kylling, gulrøtter, selleri, hvitløk, basilikum, oregano, dill og kraft.
3. Fest lokket. Velg "Manuell" modus og Høytrykk; kok i 17 minutter. Når tilberedningen er fullført, bruk en naturlig trykkavlaster; fjern dekselet forsiktig.
4. Tilsett fløte og ost, rør om og trykk på "Saus"-knappen en gang til. Kok nå suppen i noen minutter til eller til den er gjennomvarme.
5. Server i individuelle boller, pyntet med fersk persille. Nyt!

Krydret osteegg

Forberedelsestid: 25 minutter

Porsjoner 4

Næringsverdier per porsjon: 264 kalorier; 21,1 g fett; 6g totalt karbohydrater; 11,7 g protein; 3,8 g sukker

Ingredienser

- 6 egg
- 1 ts rapsolje
- 1 hakket løk
- 2 paprika, avrent og hakket
- Krydret salt og nykvernet sort pepper, etter smak
- 1/4 kopp majones
- 1 ts sennep
- 1 ss fersk sitronsaft
- 4 ss revet Colby ost
- 1 ts røkt ungarsk paprika

bruksanvisning

1. Hell vann i Instant Pot; legg til en steamer-kurv i bunnen.
2. Legg eggene i en dampkurv, hvis du har.
3. Fest lokket. Velg "Manuell" modus og Høytrykk; kok i 5 minutter. Når tilberedningen er fullført, bruk en naturlig trykkavlaster; fjern dekselet forsiktig.

4. La eggene avkjøles i 15 minutter. Skrell eggene og skille hvitene fra plommene.
5. Trykk på "Saut"-knappen for å varme Instant Pot; Varm opp oljen. Surr nå løken sammen med paprikaen til den blir myk. Smak til med salt og pepper.
6. Tilsett de reserverte eggeplommene til pepperblandingen. Tilsett majones, sennep og sitronsaft. Fyll nå eggehvitene med denne blandingen.
7. Topp med revet Colby ost og legg de fylte eggene på et fat. Dryss så ungarsk paprika over eggene og server.

Saltet eggkrem

Forberedelsestid: 15 minutter

Porsjoner 3

Næringsverdier per porsjon: 234 kalorier; 16,8 g fett; 3,6 g totalt karbohydrater; 16,4 g protein; 1,8 g sukker

Ingredienser

- 3 egg godt pisket
- 1 dl buljong, gjerne hjemmelaget
- Kosher salt og hvit pepper etter smak
- 1 ss tamarisaus
- 1/2 ss østerssaus
- 1/2 kopp revet Comté ost

bruksanvisning

1. Legg de sammenpiskede eggene i en bolle. Tilsett buljongen sakte og gradvis under konstant omrøring.
2. Smak til med salt og papir. Hell deretter denne blandingen i en sil. Tilsett tamarisaus og østerssaus.
3. Hell blandingen i tre ramekins. Dekk nå ramekins med et stykke aluminiumsfolie. Plasser ramekins på metallstativet.
4. Fest lokket. Velg "Manuell" modus og lavt trykk; kok i 7 minutter. Når tilberedningen er fullført, bruk en naturlig trykkavlaster; fjern dekselet forsiktig.
5. Topp med ost og server umiddelbart. Nyt!

Indisk stil eggemuffins

Forberedelsestid: 10 minutter

Porsjoner 5

Næringsverdier per porsjon: 202 kalorier; 13,7 g fett; 4,7 g totalt karbohydrater; 15,4 g protein; 2,6 g sukker

Ingredienser

- 5 egg
- Krydret salt og malt svart pepper etter smak
- 2 grønne paprika, hakket
- 5 ss fetaost, smuldret
- 1/2 ss Chaat masala pulver
- 1 ss frisk koriander, finhakket

bruksanvisning

1. Start med å tilsette 1 kopp vann og en kurv med damp til Instant Pot.
2. Bland alle ingrediensene; hell deretter egg/ostblandingen i silikonmuffinskopper.
3. Senk deretter muffinskoppene ned i steamer-kurven.
4. Fest lokket. Velg "Manuell" modus og Høytrykk; kok i 7 minutter. Når tilberedningen er fullført, bruk en hurtig trykkutløser; fjern dekselet forsiktig.
5. La muffinsene hvile i noen minutter før du tar dem ut av koppene; server den varm. Nyt!

Paprika og egg "smørbrød"

Forberedelsestid: 10 minutter

Porsjoner 2

Næringsverdier per porsjon: 320 kalorier; 25,5 g fett; 5,1 g totalt karbohydrater; 15,7 g protein; 3,3 g sukker

Ingredienser

- 2 ts smør
- 5 egg
- 4 skjeer rømme
- krydret salt etter smak
- 1/3 ts rød pepperflak, knust
- 2 paprika
- 1/2 tomat, i skiver
- 1/2 agurk, i skiver

bruksanvisning

1. Trykk på "Saut"-knappen for å varme Instant Pot. Varm nå opp smøret.
2. Bland egg, fløte, salt og rød pepper godt. Rør med en tresleiv til eggene er myke.
3. Nå, skjær av toppen og bunnen av hver paprika; fjerne frø og årer. Kutt deretter hver paprika i to.
4. Legg eggerøre, tomat og agurk mellom de to bitene. Server og nyt!

Ost, pølse og grønnsaksstek

Forberedelsestid: 25 minutter

Porsjoner 4

Næringsverdier per porsjon: 344 kalorier; 27,4 g fett; 3g totalt karbohydrater; 20,3 g protein; 1,3 g sukker

Ingredienser

- 8 skiver hakket svinepølse
- 1 ½ kopper sopp, i skiver
- 1 fedd hvitløk, finhakket
- 1 kopp hakkede grønnkålblader
- 7 egg
- 1/3 kopp melk
- 1 kopp manchego ost, revet
- Havsalt og nykvernet sort pepper etter smak

bruksanvisning

1. Trykk på "Saut"-knappen for å varme instant-gryten. Kok nå pølsen til den ikke lenger er rosa.
2. Tilsett deretter sopp og hvitløk; fortsett å lage mat til dufter; slå av Instant Pot; tilsett grønnkålen og la stå i 5 minutter.
3. Rengjør Instant Pot med en fuktig klut. Tilsett 1 kopp vann og et metallgitter. Spray en bakeplate som passer i Instant Pot.

4. Bland godt sammen egg, melk, ost, salt og sort pepper i en bolle; tilsett pølse/grønnsaksblandingen i bollen.

5. Hell blandingen i stekepannen. Senk bakeplaten ned på rist.

6. Fest lokket. Velg "Manuell" modus og Høytrykk; kok i 15 minutter. Når tilberedningen er fullført, bruk en hurtig trykkutløser; fjern dekselet forsiktig. Sette pris på!

Avokado, geitost og eggemuffins

Forberedelsestid: 15 minutter

Porsjoner 6

Næringsverdier per porsjon: 227 kalorier; 17,5 g fett; 4,3 g totalt karbohydrater; 13,6 g protein; 1,3 g sukker

Ingredienser

- 6 hele egg
- Krydret salt og nykvernet sort pepper
- 1/2 ts kajennepepper
- 1/2 ts tørket fennikel
- 2 ss frisk persille, finhakket
- 1 stor avokado, skrelt, pitlet og hakket
- 1/2 kopp tomat, hakket
- 5 gram geitost, smuldret

bruksanvisning

1. Start med å tilsette 1 kopp vann og en kurv med damp til Instant Pot.
2. Bland alle ingrediensene; hell deretter blandingen i silikonmuffinskopper.
3. Senk deretter muffinskoppene ned i steamer-kurven.
4. Fest lokket. Velg "Manuell" modus og Høytrykk; kok i 7 minutter. Når tilberedningen er fullført, bruk en hurtig trykkutløser; fjern dekselet forsiktig.
5. La disse muffinsene hvile i 5 til 7 minutter før du tar dem ut av formene; server den varm. Nyt!

Avokadobåter - krydret og fylt

Forberedelsestid: 10 minutter

Porsjoner 2

Næringsverdier per porsjon: 281 kalorier; 23,6 g fett; 6g totalt karbohydrater; 10,1 g protein; 0,8 g sukker

Ingredienser

- 2 avokadoer, uthulet og halvert
- 4 egg
- Salt og pepper etter smak
- 4 ss cheddarost, nyrevet
- 1 ts Sriracha saus

bruksanvisning

1. Start med å tilsette 1 kopp vann og en kurv med damp til Instant Pot.
2. Kle steamer-kurven med et stykke aluminiumsfolie.
3. Nå øser du ut litt av avokadokjøttet og setter det til side til annen bruk (du kan for eksempel lage guacamole. Ordne avokadohalvdelene i dampkogeren din.
4. Tilsett et egg i hvert hulrom i avokadoen. Dryss over salt og pepper. Topp med ost og drypp Sriracha-saus over dem.
5. Fest lokket. Velg "Manuell" modus og Høytrykk; kok i 3 minutter. Når tilberedningen er fullført, bruk en naturlig trykkavlaster; fjern dekselet forsiktig. Server varm og nyt!

Ølsaus med ost

Forberedelsestid: 10 minutter

Porsjoner 10

Næringsverdier per porsjon: 220 kalorier; 14,9 g fett; 2,9 g totalt karbohydrater; 18,1 g protein; 1,7 g sukker

Ingredienser

- 16 gram cottage cheese, myknet
- 5 gram geitost, myknet
- 1/2 ts hvitløkspulver
- 1 ts steinkvernet sennep
- 1/2 kopp kyllingbuljong, gjerne hjemmelaget
- 1/2 kopp øl
- 6 gram pancetta, hakket
- 1 kopp Monterey-Jack ost, revet
- 2 ss fersk gressløk, grovhakket

bruksanvisning

1. Tilsett cottage cheese, geitost, hvitløkspulver, sennep, kyllingkraft, øl og pancetta i Instant Pot.
2. Fest lokket. Velg "Manuell" modus og Høytrykk; kok i 4 minutter. Når tilberedningen er fullført, bruk en hurtig trykkutløser; fjern dekselet forsiktig.
3. Trykk på "Saut"-knappen for å varme Instant Pot. Tilsett Monterey-Jack osten og rør til alt er gjennomvarmet.
4. Dryss over hakket fersk gressløk og server. Nyt!

Sunn frokost wraps

Forberedelsestid: 10 minutter

Porsjoner 4

Næringsverdier per porsjon: 202 kalorier; 13,7 g fett; 4,7 g totalt karbohydrater; 15,4 g protein; 2,6 g sukker

Ingredienser

- 4 piskede egg
- 1/3 kopp dobbel krem
- 2 gram mozzarellaost, smuldret
- 1/3 ts rød pepperflak, knust
- Salt, etter smak
- 8 blad salatblader

bruksanvisning

1. Start med å tilsette 1 kopp vann og et metallgitter til Instant Pot. Spray en bakeplate med non-stick matlagingsspray.
2. Bland deretter eggene, rømme, ost, rød pepper og salt godt. Hell denne kombinasjonen på bakeplaten.
3. Fest lokket. Velg "Manuell" modus og Høytrykk; kok i 3 minutter. Når tilberedningen er fullført, bruk en naturlig trykkavlaster; fjern dekselet forsiktig.
4. Fordel eggedosisen mellom salatbladene, pakk inn hvert blad og server umiddelbart. Nyt!

Keto ost pizza

Forberedelsestid: 20 minutter

Porsjoner 6

Næringsverdier per porsjon: 334 kalorier; 25,1 g fett; 5,9 g totalt karbohydrater; 20,5 g protein; 2,8 g sukker

Ingredienser

- 1 skje olivenolje
- 1 stor tomat, hakket
- 6 gram pepperoni
- 1 gul løk, hakket
- 2 paprika, hakket
- 1 kopp mozzarellaost, i skiver
- 1/2 kopp skivet provoloneost
- 3 piskede egg
- 1/2 ts tørket basilikum
- 1/2 ts tørket oregano
- 1/2 ts tørket rosmarin
- 1/2 kopp Kalamata-oliven, uthulet og halvert

bruksanvisning

1. Smør bunnen og sidene av Instant Pot med olivenolje. Legg 1/2 av en hakket tomat i bunnen.
2. Deretter kaster du inn 3 gram pepperoni, 1/2 av en gul løk, 1 paprika, 1/2 kopp mozzarellaost og 1/4 kopp provoloneost.
3. Fortsett å legge på lag til du går tom for ingrediensene. Hell i de sammenpiskede eggene. Dryss deretter krydder og oliven på toppen.
4. Fest lokket. Velg "Manuell" modus og Høytrykk; kok i 15 minutter. Når tilberedningen er fullført, bruk en naturlig trykkavlaster; fjern forsiktig hetten. Server den varm.

Krydret Habanero-egg

Forberedelsestid: 25 minutter

Porsjoner 4

Næringsverdier per porsjon: 338 kalorier; 25,7 g fett; 5,8 g totalt karbohydrater; 19,8 g protein; 2,8 g sukker

Ingredienser

- 8 egg
- 2 ts habanero pepper, finhakket
- 1 ts spisskummen frø
- 1/4 kopp rømme
- 1/4 kopp majones
- 1 ts steinkvernet sennep
- 1/2 ts kajennepepper
- Havsalt og nykvernet sort pepper etter smak

1. **Veibeskrivelse**
2. Hell 1 kopp vann i Instant Pot; legg til en steamer-kurv i bunnen.
3. Ordne eggene i steamer-kurven.
4. Fest lokket. Velg "Manuell" modus og Høytrykk; kok i 5 minutter. Når tilberedningen er fullført, bruk en naturlig trykkavlaster; fjern dekselet forsiktig.
5. La eggene avkjøles i 15 minutter. Skrell eggene og skille hvitene fra plommene.

6. Trykk på "Saut"-knappen for å varme Instant Pot; Varm opp oljen. Surr nå habanero-pepper og spisskummen til dufter.
7. Tilsett de reserverte eggeplommene til pepperblandingen. Visp sammen rømme, majones, sennep, cayennepepper, salt og sort pepper. Fyll nå eggehvitene med denne blandingen. Nyt!

Eggesalat med sennepsfrødressing

Forberedelsestid: 25 minutter

Porsjoner 4

Næringsverdier per porsjon: 340 kalorier; 27,5 g fett; 5,1 g totalt karbohydrater; 16,4 g protein; 1,9 g sukker

Ingredienser

- 5 mellomstore egg
- 1/2 pund grønnkålblader, kuttet i biter
- 1/2 kopp reddiker, i skiver
- 1 hvit løk, i tynne skiver
- 2 ss champagneeddik
- 1/2 ss valmuefrø
- Havsalt og hvit pepper etter smak
- 1/2 ts kajennepepper
- 1 ts gul sennep
- 1/4 kopp ekstra virgin olivenolje
- 3 gram geitost, smuldret

bruksanvisning

1. Hell 1 kopp vann i Instant Pot; legg til en steamer-kurv i bunnen.
2. Ordne eggene i steamer-kurven.
3. Fest lokket. Velg "Manuell" modus og Høytrykk; kok i 5 minutter. Når tilberedningen er fullført, bruk en naturlig trykkavlaster; fjern dekselet forsiktig.
4. La eggene avkjøles i 15 minutter. Sett dem så i kjøleskapet og sett til side.
5. Legg så grønnkålen i steamer-kurven.
6. Fest lokket. Velg "Manuell" modus og Høytrykk; kok i 1 minutt. Når tilberedningen er fullført, bruk en hurtig trykkutløser; fjern dekselet forsiktig.
7. Legg nå reddikene og løken i en salatskål. Tilsett grønnkål og oppskårne egg.
8. I en miksebolle blander du sammen eddik, valmuefrø, salt, hvit pepper, cayennepepper og olje.
9. Hell dressingen over salaten din. Topp med geitost og server godt avkjølt. Nyt!

eggesalat

Forberedelsestid: 25 minutter

Porsjoner 4

Næringsverdier per porsjon: 276 kalorier; 22,6 g fett; 6,7 g totalt karbohydrater; 12,5 g protein; 1,4 g sukker

Ingredienser

- 8 egg
- 1 avokado, uthulet, skrellet og hakket
- 1/4 majones
- 1 ss fersk sitronsaft
- 1 ss champagneeddik
- 1 ts malt sennep
- Havsalt og malt svart pepper etter smak
- 1/2 ts selleri frø
- 8 utkårede og skivede sorte oliven
- 1/2 kopp basilikumblader, tettpakket

bruksanvisning

1. Legg 1 kopp vann og en steamer-kurv i Instant Pot. Arranger nå eggene i steamer-kurven.
2. Fest lokket. Velg "Manuell" modus og lavt trykk; kok i 5 minutter. Når tilberedningen er fullført, bruk en hurtig trykkutløser; fjern dekselet forsiktig.

3. La eggene avkjøles i 15 minutter. Skrell eggene og skjær dem på langs.
4. Legg avokado, majones, sitronsaft, eddik, sennep, salt, sort pepper, sellerifrø i en bolle; rør for å blande godt.
5. Topp med de reserverte eggene, oliven og basilikum. Sette pris på!

Gryte med asparges og ost

Forberedelsestid: 25 minutter

Porsjoner 6

Næringsverdier per porsjon: 272 kalorier; 21,1 g fett; 4,7 g totalt karbohydrater; 15,5 g protein; 2,3 g sukker

Ingredienser

- 1 ss smør, myknet
- 1/2 kopp purre, finhakket
- 2 fedd hvitløk, finhakket
- 10 hakkede asparges
- 6 piskede egg
- 4 skjeer melk
- 3 skjeer cottage cheese
- Kosher salt og hvit pepper etter smak
- 1/2 ts timian, hakket
- 1/2 ts rosmarin, hakket
- 1 kopp Colby ost, revet

bruksanvisning

1. Trykk på "Saut"-knappen for å varme instant-gryten. Smelt nå smøret og fres purren til den blir myk.
2. Tilsett hvitløken og stek i ytterligere 30 sekunder. Slå av Instant Pot. Tilsett de resterende ingrediensene og bland for å kombinere.
3. Hell blandingen i lett smurte ramekins.
4. Rengjør Instant Pot med en fuktig klut. Plasser 1 kopp vann og et stativ i Instant Pot.
5. Senk ramekins på rist. Dekk dem med et stykke aluminiumsfolie.
6. Fest lokket. Velg "suppe/buljong"-modus og lavt trykk; kok i 20 minutter. Når tilberedningen er fullført, bruk en hurtig trykkutløser; fjern lokket forsiktig. Nyt måltidet!

festlige frokostegg

Forberedelsestid: 10 minutter

Porsjoner 3

Næringsverdier per porsjon: 259 kalorier; 19,2 g fett; 2g totalt karbohydrater; 17,9 g protein; 1,3 g sukker

Ingredienser

- 6 store egg
- Salt og paprika etter smak

bruksanvisning

1. Tilsett 1 kopp vann og et metallstativ til Instant Pot.
2. Spray seks silikonkopper med nonstick matlagingsspray. Knekk et egg i hver kopp.
3. Senk deretter silikonkoppene ned på metallholderen.
4. Fest lokket. Velg "Steam" og høytrykksmodus; kok i 4 minutter. Når tilberedningen er fullført, bruk en hurtig trykkutløser; fjern dekselet forsiktig.
5. Krydre eggene med salt og paprika. Nyt!

Grønn saus med ost og sennep

Forberedelsestid: 10 minutter

Porsjoner 8

Næringsverdier per porsjon: 49 kalorier; 3,1 g fett; 1,4 g totalt karbohydrater; 3,9 g protein; 0,8 g sukker

Ingredienser

- 1 kopp sennepsgrønt, hakket
- 4 gram cottage cheese, ved romtemperatur
- 1/2 kopp geitost, ved romtemperatur
- Salt og malt svart pepper etter smak
- 1 ts dijonsennep

bruksanvisning

1. Bare kast alle ingrediensene ovenfor i Instant Pot.
2. Fest lokket. Velg "Manuell" modus og lavt trykk; kok i 3 minutter. Når tilberedningen er fullført, bruk en hurtig trykkutløser; fjern forsiktig hetten.
3. Server varm og nyt!

Blomkålsaus med ost

Forberedelsestid: 10 minutter

Porsjoner 10

Næringsverdier per porsjon: 97 kalorier; 8,7 g fett; 1,2 g totalt karbohydrater; 3,9 g protein; 0,5 g sukker

Ingredienser

- 1 kopp vann
- 1/2 pund blomkål, delt i buketter
- 1/2 kopp kyllingbuljong, varm
- 1/2 stang smør
- 1 kopp paneerost, smuldret
- 2 ss frisk koriander, hakket
- 1 ts Kala namak
- 1/4 ts sort pepper

bruksanvisning

1. Start med å tilsette vann og en dampkurv til Instant Pot. Legg nå blomkålbukettene i steamer-kurven.
2. Fest lokket. Velg "Manuell" modus og lavt trykk; kok i 3 minutter. Når tilberedningen er fullført, bruk en hurtig trykkutløser; fjern forsiktig hetten.
3. Kvern så blomkålbukettene i foodprosessoren.
4. Tilsett de resterende ingrediensene; puré til alt er godt blandet. Nyt!

Den beste Keto-frokosten

Forberedelsestid: 10 minutter

Porsjoner 4

Næringsverdier per porsjon: 256 kalorier; 18,6 g fett; 5,3 g totalt karbohydrater; 17 g protein; 2,9 g sukker

Ingredienser

- 4 mellomstore Portobellosopper, stilker fjernet
- 4 egg
- 1 rød paprika, skrelt og hakket
- 1 grønn paprika, skrelt og hakket
- Havsalt og malt svart pepper etter smak
- 1/2 ts kajennepepper
- 1/2 ts tørket fennikel
- 1 kopp Pepper-Jack ost, revet

bruksanvisning

1. Start med å tilsette 1 kopp vann og et metallstativ til Instant Pot. Dryss Portobello-soppen med nonstick-spray.
2. Rør inn egg, pepper, salt, sort pepper, cayennepepper og dill; bland til alt er godt blandet. Legg denne blandingen i de forberedte sopphettene.
3. Plasser den fylte soppen på metallstativet.
4. Fest lokket. Velg "Manuell" modus og Høytrykk; kok i 6 minutter. Når tilberedningen er fullført, bruk en hurtig trykkutløser; fjern dekselet forsiktig.
5. Dekk med revet ost. Nyt!

Deilige Keto Wraps

Forberedelsestid: 10 minutter

Porsjoner 4

Næringsverdier per porsjon: 298 kalorier; 24,2 g fett; 3,6 g totalt karbohydrater; 15,7 g protein; 1,3 g sukker

Ingredienser

- 2 ts smør, ved romtemperatur
- 4 egg
- Salt og rød pepper etter smak
- 1/2 kopp cheddarost, revet
- 8 skiver mortadella
- 1/4 kopp majones
- 1 ss dijonsennep
- 8 romainesalatblader

bruksanvisning

1. Trykk på "Saut"-knappen for å varme Instant Pot. Varm nå opp smøret.
2. Tilsett eggene og rør med en tresleiv til eggene er myke. Tilsett salt, rød pepper og ost.
3. Fortsett å koke i ytterligere 40 sekunder eller til osten er smeltet. Slå av Instant Pot.
4. Fordel nå egge/ostblandingen mellom bolognaskivene; tilsett majones og sennep. Legg et salatblad til hver rull.

Pølse- og tomatgryte

Forberedelsestid: 10 minutter

Koketid: 20 minutter

Porsjoner: 4

Ingredienser:

- 1 pund svinepølse, i skiver
- 14 gram hermetiske tomater, hakket
- 1 gul løk, hakket
- En klype salt og sort pepper
- 1 skje avokadoolje
- ½ kopp oksebuljong

Bruksanvisning:

1. Sett Instant Pot på Sauté-modus, tilsett oljen, varm den opp, tilsett løk og pølse og brun i 5 minutter.
2. Tilsett resten av ingrediensene, legg på lokket og stek på Lav i 15 minutter.
3. Slipp trykket naturlig i 10 minutter, del lapskausen i boller og server.

Næringsverdier per porsjon: kalorier 200, fett 7, fiber 3, karbohydrater 9, protein 12

Biffstuing med rosmarin og pastinakk

Forberedelsestid: 10 minutter

Koketid: 30 minutter

Porsjoner: 4

Ingredienser:

- 1 pund stekt biff, i terninger
- 2 skjeer olivenolje
- En klype salt og sort pepper
- ¼ pund pastinakk, i skiver
- 4 fedd hvitløk, finhakket
- 2 kopper oksebuljong
- 1 skje tomatpuré
- En kvist rosmarin, hakket

Bruksanvisning:

1. Sett hurtiggryten på sauté-modus, tilsett oljen, varm den opp, tilsett kjøttet og hvitløken og brun i 5 minutter under konstant omrøring.
2. Tilsett pastinakk og resten av ingrediensene, dekk til og kok over høy varme i 25 minutter.
3. Slipp trykket naturlig i 10 minutter, del lapskausen i boller og server.

Næringsverdier per porsjon: kalorier 242, fett 12, fiber 4, karbohydrater 9, protein 13

Italiensk kylling- og spinatstuing

Forberedelsestid: 10 minutter

Koketid: 25 minutter

Porsjoner: 4

Ingredienser:

- 1 pund kyllingbryst, uten skinn, bein og i terninger
- 1 skje olivenolje
- 1 gul løk, hakket
- 2 kopper spinat, revet
- 1 kopp kyllingbuljong
- ½ kopp tomatsaus
- Salt og sort pepper etter smak

Bruksanvisning:

1. Sett Instant Pot på Sauté-modus, tilsett olje, varm gjennom, tilsett løk og kylling og brun i 5 minutter.
2. Tilsett resten av ingrediensene, legg på lokket og stek på Lav i 20 minutter.
3. Slipp trykket naturlig i 10 minutter, del lapskausen i boller og server.

Næringsverdier per porsjon: kalorier 263, fett 11, fiber 3, karbohydrater 6, protein 17

Kylling- og okragryte

Forberedelsestid: 10 minutter

Koketid: 20 minutter

Porsjoner: 4

Ingredienser:

- 1 gul løk, hakket
- 1 pund kyllingbryst, uten skinn, bein og i terninger
- 1 fedd hvitløk, finhakket
- 2 kopper kyllingbuljong
- 14 gram okra
- 1 ts fem krydder
- 12 gram tomatsaus
- En klype salt og sort pepper
- 2 ts avokadoolje
- ½ kopp persille, hakket
- 1 limejuice

Bruksanvisning:

1. Sett hurtiggryten på sauté-modus, tilsett oljen, varm den opp, tilsett kjøttet og løken og brun i 5 minutter.
2. Tilsett resten av ingrediensene, unntatt persillen, legg på lokket og kok på høy varme i 15 minutter.
3. Slipp trykket naturlig i 10 minutter, tilsett persillen, del lapskausen i boller og server.

Næringsverdier per porsjon: kalorier 253, fett 12, fiber 5, karbohydrater 8, protein 16

Erte- og kalkunstuing

Forberedelsestid: 10 minutter

Koketid: 25 minutter

Porsjoner: 4

Ingredienser:

- 1 kalkunbryst, uten skinn, bein og i terninger
- 4 fedd hvitløk, finhakket
- 1 skje olivenolje
- 2 stangselleri, hakket
- 1 gul løk, hakket
- 1 kopp erter
- 2 laurbærblader
- ¼ teskje timian, tørket
- En klype salt og sort pepper
- 1 og ½ kopper kyllingbuljong
- 3 skjeer tomatpuré
- 1 ss koriander, hakket

Bruksanvisning:

1. Sett instant-gryten på sauté-modus, tilsett olje, varm opp, tilsett kjøtt, hvitløk og løk, rør og fres i 5 minutter.
2. Tilsett resten av ingrediensene unntatt koriander, legg på lokket og kok på høy varme i 20 minutter.
3. Slipp trykket naturlig i 10 minutter, kast laurbærbladene, tilsett persillen, del lapskausen i boller og server.

Næringsverdier per porsjon: kalorier 272, fett 12, fiber 4, karbohydrater 7, protein 11

Kalkun og rosenkålstuing

Forberedelsestid: 10 minutter

Koketid: 25 minutter

Porsjoner: 4

Ingredienser:

- 1 pund kalkunbryst, uten skinn, ben og terninger
- 1 pund rosenkål, halvert
- 1 sjalottløk, hakket
- 2 fedd hvitløk, finhakket
- 1 skje olivenolje
- En klype salt og sort pepper
- 1 ss timian, hakket
- ½ ss estragon, hakket
- 1 ss persille, finhakket
- 1 kopp kyllingbuljong
- ½ kopp tomatsaus

Bruksanvisning:

1. Sett hurtiggryten på sautémodus, tilsett olje, varm gjennom, tilsett kjøtt, spirer, løk og hvitløk og brun i 5 minutter.
2. Tilsett resten av ingrediensene, legg på lokket og stek på Lav i 20 minutter.
3. Slipp trykket naturlig i 10 minutter, del lapskausen i boller og server.

Næringsverdier per porsjon: kalorier 239, fett 14, fiber 4, karbohydrater 9, protein 16

Lamme- og pepperstuing

Forberedelsestid: 5 minutter

Koketid: 20 minutter

Porsjoner: 4

Ingredienser:

- 1 pund lammeskulder, i terninger
- 2 skjeer olivenolje
- 1 hvit løk, hakket
- 2 fedd hvitløk, finhakket
- 10 gram blandet paprika, kuttet i strimler
- 2 kopper oksebuljong
- En klype salt og sort pepper
- 1 ss basilikum, tørket
- 2 ss timian, hakket

Bruksanvisning:

1. Sett Instant Pot på sautémodus, tilsett oljen, varm den opp, tilsett kjøtt, hvitløk og løk og fres i 5 minutter.
2. Tilsett resten av ingrediensene, legg på lokket og stek på høy varme i 15 minutter.
3. Slipp raskt trykket i 5 minutter, del lapskausen i boller og server.

Næringsverdier per porsjon: kalorier 221, fett 11, fiber 4, karbohydrater 6, protein 14

Svinegryte med kanel

Forberedelsestid: 10 minutter

Koketid: 30 minutter

Porsjoner: 4

Ingredienser:

- 1 og ½ pund svinekjøtt, i terninger
- 1 gul løk, hakket
- 2 skjeer olivenolje
- 1 ts kanelpulver
- 2 fedd hvitløk, finhakket
- En klype salt og sort pepper
- ½ kopp oksebuljong
- 12 gram hermetiske tomater, hakket
- 1 ss basilikum, hakket

Bruksanvisning:

1. Sett Instant Pot på Sauté-modus, tilsett oljen, varm den opp, tilsett kjøtt, løk, hvitløk og kanel, bland og brun i 5 minutter.
2. Tilsett resten av ingrediensene unntatt basilikum, legg på lokket og stek på Lav i 25 minutter.
3. Slipp trykket naturlig i 10 minutter, del lapskausen i boller, dryss over basilikum og server.

Næringsverdier per porsjon: kalorier 231, fett 12, fiber 3, karbohydrater 7, protein 9

Svinegryte med pesto

Forberedelsestid: 10 minutter

Koketid: 30 minutter

Porsjoner: 4

Ingredienser:

- 1 gul løk, hakket
- 1 pund kokt svinekjøtt, i terninger
- 1 fedd hvitløk, finhakket
- 1 kopp kyllingbuljong
- 12 gram tomatsaus
- 1 skje olivenolje
- Saft av ½ sitron
- 1 ss persille, finhakket
- 1 ss basilikumpesto

Bruksanvisning:

1. Sett Instant Pot på sauté-modus, tilsett oljen, varm den opp, tilsett kjøtt, løk og hvitløk og fres i 5 minutter.
2. Tilsett resten av ingrediensene, legg på lokket og stek på Lav i 25 minutter.
3. Slipp trykket naturlig i 10 minutter, del lapskausen i boller og server.

Næringsverdier per porsjon: kalorier 233, fett 12, fiber 4, karbohydrater 7, protein 15

Storfekjøtt og kålrotstuing

Forberedelsestid: 10 minutter

Koketid: 40 minutter

Porsjoner: 6

Ingredienser:

- 2 pounds oksegrytekjøtt, i terninger
- 2 kopper kyllingbuljong
- 3 fedd hvitløk, finhakket
- 1 kopp tomatsaus
- Salt og sort pepper etter smak
- 3 kålrot skåret i kvarte

Bruksanvisning:

1. Bland alle ingrediensene i Instant Pot, sett på lokket og kok på Low i 40 minutter.
2. Slipp trykket naturlig i 10 minutter, del lapskausen i boller og server.

Næringsverdier per porsjon: kalorier 221, fett 12, fiber 4, karbohydrater 7, protein 11

Lamme- og tomatgryte med oregano

Forberedelsestid: 10 minutter

Koketid: 40 minutter

Porsjoner: 4

Ingredienser:

- 4 lammeskanker
- 2 skjeer olivenolje
- 1 gul løk, hakket
- 2 fedd hvitløk, finhakket
- 1 og ½ kopper hakkede tomater
- 1 ss oregano, hakket
- En klype salt og sort pepper
- 2 kopper oksebuljong

Bruksanvisning:

1. Sett Instant Pot på Sauté-modus, tilsett oljen, varm gjennom, tilsett lammet og brun i 4 minutter.
2. Tilsett resten av ingrediensene, legg på lokket og stek på Lav i 35 minutter.
3. Slipp trykket naturlig i 10 minutter, del lapskausen i boller og server.

Næringsverdier per porsjon: kalorier 230, fett 14, fiber 4, karbohydrater 7, protein 11

Oksegryte med pepper

Forberedelsestid: 5 minutter

Koketid: 20 minutter

Porsjoner: 4

Ingredienser:

- 1 pund stuet biff, malt
- 2 kopper oksebuljong
- 10 gram Salsa Verde
- 1 ts chilipulver
- En klype salt og sort pepper
- 1 ss koriander, hakket

Bruksanvisning:

1. Kombiner alle ingrediensene unntatt koriander i Instant Pot, sett på lokket og kok over høy varme i 20 minutter.
2. Slipp raskt trykket i 5 minutter, del lapskausen i boller, dryss koriander på toppen og server.

Næringsverdier per porsjon: kalorier 201, fett 7, fiber 4, karbohydrater 7, protein 9

Sitrongrønnkål og kyllinggryte

Forberedelsestid: 10 minutter

Koketid: 20 minutter

Porsjoner: 4

Ingredienser:

- 1 pund kyllingbryst, uten skinn, bein og i terninger
- 2 kopper grønnkål, revet
- ½ kopp kyllingbuljong
- ½ kopp tomatsaus
- En klype salt og sort pepper
- 1 ss koriander, hakket

Bruksanvisning:

1. Kombiner alle ingrediensene i Instant Pot, sett på lokket og kok på høy i 20 minutter.
2. Slipp trykket naturlig i 10 minutter, del lapskausen i boller og server.

Næringsverdier per porsjon: kalorier 192, fett 8, fiber 4, karbohydrater 8, protein 12

Estragon kjøttgryte

Forberedelsestid: 10 minutter

Koketid: 30 minutter

Porsjoner: 4

Ingredienser:

- 1 og ½ pund oksegrytekjøtt, i terninger
- 3 fedd hvitløk, finhakket
- 2 skjeer olivenolje
- 1 kopp tomatsaus
- ½ kopp oksebuljong
- 1 ss estragon, hakket
- En klype salt og sort pepper

Bruksanvisning:

1. Sett Instant Pot på sauté-modus, tilsett olje, varm gjennom, tilsett kjøtt og hvitløk og brun i 5 minutter.
2. Tilsett resten av ingrediensene, legg på lokket og stek på Lav i 25 minutter.
3. Slipp trykket naturlig i 10 minutter, del lapskausen i boller og server.

Næringsverdier per porsjon: kalorier 200, fett 12, fiber 4, karbohydrater 6, protein 9

Bacon og spinatstuing

Forberedelsestid: 10 minutter

Koketid: 12 minutter

Porsjoner: 4

Ingredienser:

- 2 kopper bacon, hakket
- 1 ts olivenolje
- 1 pund spinat, revet
- En klype salt og sort pepper
- ½ kopp kyllingbuljong
- 3 skjeer tomatpuré

Bruksanvisning:

1. Sett Instant Pot på sauté-modus, tilsett olje, varm gjennom, tilsett bacon og stek i 5 minutter.
2. Tilsett resten av ingrediensene, legg på lokket og stek på Lav i 12 minutter.
3. Slipp trykket naturlig i 10 minutter, del lapskausen i boller og server.

Næringsverdier per porsjon: kalorier 195, fett 4, fiber 5, karbohydrater 9, protein 6

Reker og torskestuing

Forberedelsestid: 5 minutter

Koketid: 12 minutter

Porsjoner: 4

Ingredienser:

- 1 pund reker, skrellet og renset
- 7 gram hermetiske tomater, hakket
- ½ haug med hakket persille
- ¼ kopp kyllingbuljong
- 1 pund torskefilet, benfri, skinnfri og i terninger

Bruksanvisning:

1. Bland alle ingrediensene i Instant Pot, sett på lokket og kok på Low i 12 minutter.
2. Slipp raskt trykket i 5 minutter, del blandingen i boller og server.

Næringsverdier per porsjon: kalorier 160, fett 4, fiber 3, karbohydrater 7, protein 9

Grønne bønner og kyllinggryte

Forberedelsestid: 10 minutter

Koketid: 15 minutter

Porsjoner: 4

Ingredienser:

- 1 skje olivenolje
- 2 fedd hvitløk, finhakket
- 1 pund kyllingbryst, uten skinn, bein og i terninger
- 1 pund grønne bønner, trimmet
- 14 gram hermetiske tomater, hakket
- 1 ss persille, finhakket

Bruksanvisning:

1. Sett Instant Pot på sauté-modus, tilsett oljen, varm den opp, tilsett kjøttet og hvitløken og fres i 5 minutter.
2. Tilsett resten av ingrediensene, legg på lokket og stek på høy varme i 15 minutter.
3. Slipp trykket naturlig i 10 minutter, del lapskausen i boller og server.

Næringsverdier per porsjon: kalorier 200, fett 8, fiber 5, karbohydrater 8, protein 10

Gurkemeie Quinoa og Kyllinggryte

Forberedelsestid: 6 minutter

Koketid: 20 minutter

Porsjoner: 4

Ingredienser:

- 1 skje olivenolje
- ½ kopp quinoa, vasket
- 3 kopper kyllingbuljong
- 1 pund kyllingbryst, uten skinn, bein og i terninger
- ½ ts spisskummen, malt
- 1 rødløk, hakket
- 4 fedd hvitløk, finhakket
- ½ ts gurkemeiepulver
- En klype salt og sort pepper
- 1 ts sitronsaft

Bruksanvisning:

1. Sett hurtiggryten på sautémodus, tilsett oljen, varm den opp, tilsett kjøtt, løk, hvitløk, safran og spisskummen, bland og brun i 5 minutter.
2. Tilsett de resterende ingrediensene, legg på lokket og stek på høy i 15 minutter.
3. Slipp raskt trykket i 6 minutter, rør lapskausen, del den i boller og server.

Næringsverdier per porsjon: kalorier 200, fett 12, fiber 4, karbohydrater 7, protein 14

lett lunsjsuppe

Forberedelsestid: 43 MIN

Servering: 6

Ingredienser

- 1 spiseskje. olje
- 1 hakket gul løk
- 3 hakkede hvitløksfedd
- 1¼ frossen blomkål
- ½ kg frossen zucchini i terninger
- 3 kopper filtrert vann
- 1 ts tørket timian
- 1 skje paprika
- ½ ts rød pepperflak
- Salt, etter smak
- ½ kopp halv og halv
- ¼ kopp revet cheddarost

Bruksanvisning:

1. Plasser oljen i Instant Pot og velg "Saut". Tilsett så løken og stek i ca 4-5 minutter.
2. Tilsett hvitløken og stek i ca 1 minutt.
3. Velg «Avbryt» og rør inn blomkål, squash, vann, timian og krydder.
4. Fest lokket og sett trykkventilen i "Seal"-posisjon.
5. Velg "Manuell" og stek på "Høytrykk" i ca. 5 minutter.
6. Velg alternativet "Avbryt" og utfør forsiktig en "Rask" utgivelse.
7. Ta av lokket og bland halvparten sammen.
8. Puré suppen med en stavmikser og server umiddelbart.

Næringsverdier per porsjon:

Kalorier 117

Totalt fett 6,5 g

Netto karbohydrater 2,16g

4,4 g protein

Fiber 3,8 g

Amerikansk grønnsakssuppe

Forberedelsestid: 38 MINUTTER

Servering: 6

Ingredienser:

- 2 skjeer olivenolje
- 1 liten gul løk hakket
- 1 spiseskje. hakket hvitløk
- 1 ts tørket timian
- 1 pund hakket fersk Baby Bella-sopp
- 4 kopper hakket blomkål
- 6 kopper hjemmelaget grønnsaksbuljong
- ¾ kopp revet parmesanost

Bruksanvisning:

1. Plasser oljen i Instant Pot og velg "Saut". Tilsett så løk og hvitløk og stek i ca 2-3 minutter.
2. Tilsett soppen og stek i ca 4-5 minutter.
3. Velg alternativet "Avbryt" og rør inn blomkål og buljong.
4. Fest lokket og sett trykkventilen i "Seal"-posisjon.
5. Velg "Manuell" og stek på "Høytrykk" i ca. 5 minutter.
6. Velg alternativet "Avbryt" og foreta forsiktig en naturlig lansering.
7. Ta av lokket og puré suppen med en stavmikser.

8. Velg "Saut" og rør inn parmesanosten.
9. Kok i ca 5 minutter.
10. Server umiddelbart.

Næringsverdier per porsjon:

Kalorier 147

Totalt fett 69g

Netto karbohydrater 1,5 g

Protein 13,8 g

Fiber 2,6 g

Bolognese suppe

Tilberedningstid: 40 MIN

Servering: 4

Ingredienser:

- 1 kilo kjøttdeig
- 14 gram hakkede hermetiske tomater
- ¼ kopp tomatpuré
- 3 kopper kyllingbuljong
- ½ ts timian
- ½ teskje oregano
- 1 spiseskje. hakket basilikum
- 2 fedd hvitløk, finhakket
- 2 kopper blomkålris
- ½ teskje søtningsmiddel
- ½ teskje salt
- ½ ts pepper
- 1 spiseskje. Olje

Bruksanvisning:

1. Varm oljen i IP-en din i SAUTE.
2. Tilsett løken og stek i 3 minutter.
3. Tilsett hvitløk, oregano og timian og stek i 1 minutt til.
4. Tilsett kjøttet og stek til det er brunt.
5. Tilsett tomatpuré og tomater og stek videre i 2 minutter.
6. Hell buljongen over toppen.
7. Tilsett salt, pepper og søtningsmiddel og lukk lokket.
8. Kok på HIGH i 5 minutter.
9. La trykket falle i 5 minutter.
10. Tilsett blomkålen og kok i ytterligere 5 minutter på HØY.
11. Slipp trykket naturlig.
12. Rør inn basilikum og server.
13. Sette pris på!

Næringsverdier per porsjon:

Kalorier 423

Totalt fett 17,4g

Netto karbohydrater 7g

25 g protein

Fiber: 1,8g

Skinke og asparges suppe

Tilberedningstid: 55 MIN

Servering: 4

Ingredienser:

- 1 ½ pund delt asparges, hakket
- ½ ts timian
- ¾ kopp skinke i terninger
- 1 løk, i terninger
- 3 ss. ghee
- 2 ts finhakket hvitløk
- 4 kopper kyllingbuljong

Bruksanvisning:

1. Smelt ghee på IP-en din i SAUTE.
2. Tilsett løken og stek i 3 minutter.
3. Tilsett skinke og hvitløk og stek i 1 minutt til.
4. Tilsett timian og buljong og rør for å kombinere.
5. Lukk lokket og kok i SOPA i 45 minutter.
6. Slipp trykket raskt.
7. Pisk med stavmikser til en jevn masse.
8. Server og nyt!

Næringsverdier per porsjon:

Kalorier 233

Totalt fett 18,5 g

Netto karbohydrater 7,5 g

Protein 8,7 g

Fiber: 2,6g

En annerledes bryllupssuppe

Tilberedningstid: 45 MIN

Servering: 4

Ingredienser:

- 3 kopper beinbuljong
- 4 gram spinat
- ½ løk, hakket
- 1 kopp skinke i terninger
- ½ teskje gurkemeie
- ½ ts hvitløkspulver
- ½ kopp hakket selleri
- 1 gulrot, skåret i tynne skiver
- 1 ts timian
- 1 kopp blomkålris
- Kjøttboller:
- 1/2 pund kjøttdeig
- 1 spiseskje. mandelmel
- ½ teskje oregano
- ½ ts persille
- ¼ teskje pepper

Bruksanvisning:

1. Bland alle kjøttbolleingrediensene i en bolle.
2. Modeller kjøttbollene.
3. Legg alle de resterende ingrediensene, unntatt skinken, i Instant Pot og rør for å kombinere.
4. Tilsett kjøttbollene og lukk lokket.
5. Kok i SOPA i 30 minutter.
6. Slipp trykket naturlig.
7. Tilsett skinken og server.
8. Sette pris på!

Næringsverdier per porsjon:

kalorier 180

Totalt fett 8 g

Netto karbohydrater 4.7

22 g protein

Fiber: 3,5 g

oksehalesuppe

Forberedelsestid: 4 timer

Servering: 8

Ingredienser:

- 3 ½ pund oksehaler
- 3 laurbærblad
- 1 stangselleri, hakket
- 2 kopper grønne bønner
- 1 Rutabaga, i terninger
- 14 gram hakkede hermetiske tomater
- ¼ kopp ghee
- 1 gren timian
- 1 kvist rosmarin
- 2 purre, i skiver
- 2½ liter vann
- 2 ss. Sitronsaft
- ¼ teskje malt nellik
- Salt og pepper etter smak

Bruksanvisning:

1. Smelt ghee på IP-en din i SAUTE.
2. Tilsett oksehalene og kok til de er gyldenbrune. Du må kanskje jobbe i grupper her.

3. Hell av vannet og tilsett rosmarintimian, laurbærblad og nellik.
4. Kok på HIGH i 1 time.
5. Gjør en naturlig trykkavlastning.
6. Fjern kjøttet fra IP og riv det på et skjærebrett.
7. Tilsett rutabaga og purre i pannen og lukk lokket.
8. Kok på HIGH i 5 minutter.
9. Tilsett de resterende grønnsakene og kok i ytterligere 7 minutter.
10. Tilsett kjøttet og lukk igjen.
11. Kok på HIGH i 2 minutter.
12. Tilsett sitronsaften og smak til med salt og pepper.
13. Server og nyt!

Næringsverdier per porsjon:

Kalorier 371

Totalt fett 22g

Netto karbohydrater 8,2 g

33 g protein

Fiber: 2,7g

taco suppe

Tilberedningstid: 25 MIN

Servering: 8

Ingredienser:

- 1 kg hakket svinekjøtt
- 1 kg kjøttdeig
- 16 gram kremost
- 20 oz Ro-Tel tomater i terninger og grønn paprika
- 2 ss. krydder til taco
- 4 kopper kyllingbuljong
- 2 ss. Korianderblader (hakket)
- ½ kopp Monterey Jack (revet

Bruksanvisning:

1. Sett Instant Pot til "Saut" og legg kjøttdeigen i den. Kok, rør ofte og del opp større biter, til alt vannet har fordampet, ca. 10 minutter.
2. Tilsett kremost, Ro-Tel og tacokrydder og rør godt sammen.
3. Sett på og lukk lokket og still inn koketiden manuelt til 15 minutter på høyt trykk.
4. Når du er ferdig, slipp raskt trykket. Tilsett korianderbladene.
5. Server toppet med revet Monterey Jack.

Næringsverdier per porsjon:

Kalorier: 547

Totalt fett: 43g

Netto karbohydrater: 4g

Protein: 33g

Fiber: 1g

Minestronesuppe

Tilberedningstid: 35 MIN

Porsjon: 12

Ingrediens:

- 2 ss. Olje
- 1 søtpotet (kuttet i terninger)
- 1 kopp gulrot (kuttet i terninger)
- 2 selleristilker (i terninger)
- 2 mellomstore zucchini (i terninger)
- 2 mellomstore sjalottløk (kuttet i terninger)
- 2 fedd hvitløk (hakket
- 28 gram kyllingbuljong
- 28 gram tomater (i terninger
- 1 kopp fersk spinat (hakket)
- 2 laurbærblader
- 2 ts tørket oregano
- 1 ts tørket basilikum
- 1 ts tørr persille
- ½ ts kajennepepper
- ½ teskje salt
- 1 ts malt svart pepper
- 1½ pund kvernet svinekjøttpølse (kokt og smuldret)

Bruksanvisning:

1. Hell olivenolje i Instant Pot. Tilsett alle andre ingrediensene, unntatt spinaten, i pannen og rør for å kombinere.
2. Sett på og lås lokket og sett Instant Pot til "Suppe" eller still inn manuelt på 30 minutter høytrykkskoketid.
3. Når du er ferdig, slipp raskt trykket.
4. Fjern laurbærbladet og tilsett spinaten i pannen, rør og la stå i 2-3 minutter til den er visnet.
5. Server den varm.

Næringsverdier per porsjon:

Kalorier: 254

Totalt fett: 18g

Netto karbohydrater: 8g

Protein: 11g

Fiber: 2g

Kokos tomatsuppe

Tilberedningstid: 10 MIN

Servering: 4

Ingredienser:

- 1 boks kokosmelk
- 1 middels rødløk (i terninger)
- 6 Roma-tomater (kvartedeler
- ¼ kopp korianderblader (hakket)
- 1 ts hvitløk (hakket)
- 1 ts ingefær (hakket)
- 1 skje salt
- ½ ts kajennepepper
- 1 ts gurkemeie
- 1 spiseskje. agave nektar

Bruksanvisning:

1. Ha alle ingrediensene i Instant Pot og rør for å kombinere.
2. Sett på og lås lokket og still inn koketiden manuelt til 5 minutter ved høyt trykk.
3. La trykket slippe naturlig i 10 minutter og slipp det deretter raskt.
4. Med en stavmikser blander du suppen til den er jevn.
5. Server den varm.

Næringsverdier per porsjon:

Kalorier: 157

Totalt fett: 12g

Netto karbohydrater: 10g

Protein: 2g

Fiber: 2g

kremet kyllingsuppe

Tilberedningstid: 10 MIN

Servering: 4

Ingredienser:

- 1 middels løk
- 6 fedd hvitløk
- 1 oz ingefær
- 1 kopp kokosmelk
- 10 oz hermetiske Ro-Tel tomater og paprika
- 1 spiseskje. Kyllingbuljong bunnpulver
- 1 ts malt gurkemeie
- 1 lb utbenede kyllinglår (kuttet i 1 ½ tommers biter)
- 1 ½ kopp selleri stilker (hakket)
- 2 kopper Chard (hakket)

Bruksanvisning:

1. Ha løk, hvitløk, ingefær, tomat og chilipepper, gurkemeie, kraftbunn og en halv kopp kokosmelk i en foodprosessor og kjør til en jevn masse.
2. Overfør til Instant Pot og tilsett kylling, selleri og mangold.
3. Sett på og lås lokket og still inn koketiden manuelt til 5 minutter ved høyt trykk.

4. Når du er ferdig, la trykket slippe naturlig i 10 minutter og slipp raskt.
5. Tilsett den resterende halve koppen kokosmelk, rør og server.

Næringsverdier per porsjon:

Kalorier: 405

Totalt fett: 31g

Netto karbohydrater: 9g

Protein: 21g

Fiber: 2g

Skinke og bønnesuppe

Tilberedningstid: 35 MIN

Servering: 6

Ingredienser:

- 1 kopp tørre svarte soyabønner (bløtlagt over natten og drenert
- 1 kopp løk (i terninger)
- 1 kopp selleristilker (i terninger)
- 4 fedd hvitløk (hakket
- 1 ts tørket oregano
- 1 skje salt
- 1 ts cajun-krydder
- 1 ts flytende røyk
- 2 ts Tony Chachere's All Purpose Krydder
- 1 ts Louisiana varm saus
- 2 skinkehaser
- 2 kopper skinke (i terninger)
- 2 kopper vann

Bruksanvisning:

1. Ha alle ingrediensene i Instant Pot og rør for å kombinere.
2. Sett på og lås lokket og still inn koketiden manuelt til 30 minutter på høyt trykk.

3. Når du er ferdig, la trykket slippe naturlig i 10 minutter og slipp raskt.
4. Fjern kjøttet fra benet og riv alt kjøttet, kast beina.
5. Rør for å kombinere og server varm.

Næringsverdier per porsjon:

Kalorier: 269

Totalt fett: 14g

Netto karbohydrater: 10g

Protein: 21g

Fiber: 3g

Soppsuppe med kylling

Tilberedningstid: 10 MIN

Servering: 4

Ingredienser:

- 1 middels løk (kuttet i tynne ribber
- 3 fedd hvitløk (hakket
- 2 kopper sopp (hakket)
- 1 lite gult gresskar (hakket)
- 1 lb kyllingbryst (skinnfri, kuttet i 2-tommers biter
- 2 ½ kopper kyllingbuljong
- 1 skje salt
- 1 ts malt svart pepper
- 1 ts italiensk krydder

Bruksanvisning:

1. Ha alle ingrediensene i Instant Pot.
2. Sett på og lukk lokket og still inn koketiden manuelt til 15 minutter på høyt trykk.
3. Når du er ferdig, la trykket slippe naturlig i 10 minutter og slipp raskt.
4. Ta kyllingen ut av pannen og grovhakk grønnsakene med en stavmikser.
5. Strimle kyllingen med en gaffel og ha tilbake i pannen.
6. Rør for å kombinere og server.

Næringsverdier per porsjon:

Kalorier: 289

Totalt fett: 15g

Netto karbohydrater: 8g

Proteiner: 30g

Fiber: 1g

kyllingsuppe

Tilberedningstid: 5 MIN

Servering: 4

Ingredienser:

- 2 kopper kyllingbryst (kokt
- 12 gram grønnkål (frosset
- 1 middels løk (kuttet i terninger)
- 4 kopper kyllingbuljong
- ½ teskje kanel
- 1 klype nellik
- 2 ts hvitløk (hakket)
- 1 ts malt svart pepper
- 1 skje salt

Bruksanvisning:

1. Ha alle ingrediensene i Instant Pot.
2. Sett på og lås lokket og still inn koketiden manuelt til 5 minutter ved høyt trykk.
3. Når du er ferdig, la trykket slippe naturlig i 10 minutter og slipp raskt.
4. Juster eventuelt krydder og server varm.

Næringsverdier per porsjon:

Kalorier: 143

Totalt fett: 2g

Netto karbohydrater: 4g

Protein: 23g

Fiber: 0g

Italiensk pølsesuppe

Tilberedningstid: 5 MIN

Servering: 6

Ingredienser:

- 1 kg varm italiensk pølsefarse
- 1 kopp løk i terninger
- 6 fedd hakket hvitløk
- 12 gram frossen blomkål
- 12 gram frossen grønnkål
- 3 kopper vann
- ½ kopp rømme
- ½ kopp revet parmesanost

Bruksanvisning:

1. Sett Instant Pot til "Saut"
2. Slå på trykkokeren for å braisere. Tilsett den italienske pølsefarsen og brun den lett, rør ofte for å bryte opp klumpene, i 2 minutter.
3. Tilsett løk og hvitløk og bland godt for å kombinere.
4. Tilsett blomkål, grønnkål og tre kopper vann.
5. Sett på og lås lokket og still inn koketiden manuelt til 3 minutter på høyt trykk.
6. Når du er ferdig, slipp trykket naturlig, og slipp det så raskt.

7. Tilsett fløten litt etter litt.
8. Server drysset med parmesan.

Næringsverdier per porsjon:

Kalorier: 400

Totalt fett: 33g

Netto karbohydrater: 7g

Protein: 16g

Fiber: 1g

Kikertsuppe med grønnsaker

Forberedelsestid: 6 MIN

Servering: 6

Ingredienser:

- 4 kopper purre (kuttet i tynne skiver)
- 1 kopp selleristilker (kuttet
- 15 gram kikerter (hermetisert
- 8 kopper regnbue chard (hakket
- 1 spiseskje. Hakket hvitløk
- 1 ts tørket oregano
- 1 skje salt
- 2 ts malt svart pepper
- 2 kopper grønnsaksbuljong
- 2 kopper retthalset gresskar (kuttet i 1-tommers terninger)
- ¼ kopp persille (hakket)
- 6 ss. revet parmesanost)

Bruksanvisning:

1. Ha purre, selleri, kikerter, mangold, hvitløk, oregano, salt, pepper og grønnsaksbuljong i Instant Pot. Rør for å kombinere.
2. Sett på og lås lokket og still inn koketiden manuelt til 3 minutter på høyt trykk.

3. Når du er ferdig, slipp raskt trykket.
4. Sett Instant Pot til "Saut" og tilsett butternut squash og persille. Rør for å kombinere og kok i ytterligere 3 minutter.
5. Server drysset med parmesan.

Næringsverdier per porsjon:

Kalorier: 142

Totalt fett: 14g

Netto karbohydrater: 14g

Protein: 6g

Fiber: 5g

kjøttbollesuppe

Forberedelsestid: 5-10 MIN

Porsjon: 12

Ingredienser:

- 1 kg magert kjøttdeig
- 1 egg
- ¼ kopp LC brød og skorpeblanding
- 1 skje salt
- 1 skje oregano
- 1 spiseskje. Hakket persille
- ½ ts hvitløkspulver
- ½ ts malt svart pepper
- for lager
- 2 kopper oksebuljong
- ½ middels grønn paprika, i terninger
- ½ middels rød paprika i terninger
- 1 stangselleri, i terninger
- ½ kopp rødløk i terninger
- 5 store sopp i terninger
- Ostesaus:
- 4 ss. Vann
- 4 ss. Fløte
- 4 ss. Smør

- 8 skiver amerikansk ost

Bruksanvisning:

1. Ha kjøttet, egget, paneringsblandingen, salt, oregano, persille, hvitløk og pepper i en bolle og bland godt sammen. Lag 2 cm kuler og sett til side.
2. Plasser biffbuljongen, grønn og rød paprika, selleri, løk og sopp i Instant Pot og rør for å kombinere.
3. Ha kjøttbollene i buljongen.
4. Sett på og lås lokket og still inn koketiden manuelt til 10 minutter.
5. Når det gjenstår 3 minutter på timeren, kombinerer du vann, fløte, smør og amerikansk ost i en mikrobølgeovnsikker bolle.
6. Mikrobølgeovn ostesausen i 2-3 minutter til den er kombinert, rør hvert 30. sekund.
7. Slipp raskt trykket og rør inn ostesausen.
8. Server den varm.

Næringsverdier per porsjon:

Kalorier: 419

Totalt fett: 32g

Netto karbohydrater: 3,7 g

Protein: 27g

Fiber: 2g

Muslingsuppe

Tilberedningstid: 15 MIN

Servering: 8

Ingredienser:

- 16 skiver bacon i terninger
- 1 kopp løk (i terninger)
- 1 kopp stangselleri i terninger
- 2 bokser med hele babymuslinger
- 2 kopper kyllingbuljong
- 2 kopper tung krem
- 1 ts timian
- 1 skje salt
- 1 ts malt svart pepper

Bruksanvisning:

1. Sett Instant Pot til "Saut" og tilsett baconet. Kok til de er sprø, ca 6-7 minutter.
2. Tilsett løk og selleri og fres til det er mykt i ca 2-3 minutter, rør av og til.
3. Tilsett alle andre ingredienser og rør for å kombinere.
4. Sett på og lås lokket og still inn koketiden manuelt til 5 minutter ved høyt trykk.
5. Når du er ferdig, slipp raskt trykket.
6. Server den varm.

Næringsverdier per porsjon:

Kalorier: 427

Totalt fett: 33g

Netto karbohydrater: 5g

Protein: 27g

Fiber: 0g

Pølsesuppe med bacon og sopp

Forberedelsestid: 5-10 MIN

Porsjon: 14

Ingredienser:

- 4 kopper kyllingbuljong
- 2 kopper tung krem
- 2 kopper sopp (hakket)
- 2 kopper malt pølse (kokt
- 6 skiver bacon (stekt og smuldret)
- 1 kopp Daikon reddik (i terninger)
- ½ kopp løk (hakket)
- ½ kopp rød paprika (hakket)
- ½ kopp parmesanost
- 1 spiseskje. Tørkede persilleblader
- 1 skje hvitløkspulver
- 1 skje salt
- 1 ts malt svart pepper
- ½ ts timian

Bruksanvisning:

1. Ha alle ingrediensene i Instant Pot.
2. Sett på og lås lokket og still inn koketiden manuelt til 5 minutter ved høyt trykk.
3. Når du er ferdig, slipp raskt trykket.
4. Server den varm.

Næringsverdier per porsjon:

Kalorier: 316

Totalt fett: 33g

Netto karbohydrater: 3g

Protein: 14g

Fiber: 1g

Kalkunsuppe og Daikon

Forberedelsestid: 5-10 MIN

Porsjon: 12

Ingredienser:

- 1 kg mager kalkun (kokt, drenert og smuldret
- 3 kopper Daikon reddik (i terninger
- 10 kopper kyllingbuljong
- 2 kopper tung krem
- 2 kopper mozzarella (revet)
- 4 kopper antipastoblanding
- 1 spiseskje. Tørkede persilleblader
- 1 spiseskje. Tørket gressløk
- 1 skje salt
- 1 ts malt svart pepper
- 1 skje hvitløkspulver

Bruksanvisning:

1. Ha alle ingrediensene i Instant Pot.
2. Sett på og lås lokket og still inn koketiden manuelt til 5 minutter ved høyt trykk.
3. Når du er ferdig, slipp raskt trykket.
4. Server den varm.

Næringsverdier per porsjon:

Kalorier: 232

Totalt fett: 9,1 g

Netto karbohydrater: 5,1g

Protein: 13,2g

Fiber: 2,4g

Oppskrift på svinekjøtt og grønnsaksbuljong

Forberedelsestid:: 66 minutter

Porsjoner: 8

Ingredienser:

- 2 pund beite svinekjøtt bein
- 1/2 kopp gulrøtter; hakket.
- 1/2 kopp paprika
- 1/2 ts. hel sort pepper
- 8 kopper vann
- 1 ts. tørt laurbærblad
- 1 kvist fersk persille
- 1/2 kopp grønn løk; hakket.
- 1 stilk selleri; kuttet i tredjedeler
- 1 liten løk; skrelles og kuttes i to
- 1 ts. kosher salt

Bruksanvisning:

1. Hell vannet i Instant Pot.
2. Tilsett alle ingrediensene i vannet. Lukk Instant Pot-lokket og vri trykkutløserspaken til *forseglet* posisjon.
3. Velg funksjonen *Manuell*; juster til høyt trykk og still timeren til 20 minutter

4. Når det piper; *Slipp naturlig* damp i 10 minutter og åpne lokket til Instant Pot
5. Sil den tilberedte buljongen gjennom en sil og kast alle faste stoffer, skum av overflatefett og server varm.

oppskrift på kyllingbuljong

Forberedelsestid: 66 minutter

Porsjoner: 8

Ingredienser:

- 2½ pund kyllingskrott
- 1/2 ts. hel sort pepper
- 10 kopper vann
- 1 kvist fersk persille
- 1 stilk selleri; kuttet i tredjedeler
- 1 liten løk; skrelles og kuttes i to
- 1 ts. tørt laurbærblad
- 1 ts. kosher salt

Bruksanvisning:

1. Hell vannet i Instant Pot.
2. Tilsett alle ingrediensene i vannet
3. Fest lokket. Drei trykkutløserspaken til *forseglet* posisjon.
4. Velg funksjonen *Manuell*. Sett på høytrykk og still inn tid til 60 minutter
5. Når det piper; *Slipp naturlig* damp i 10 minutter og åpne lokket til Instant Pot.
6. Sil den tilberedte buljongen gjennom en sil og kast alle faste stoffer, skum av overflatefett og server varm.

Oppskrift på oksebuljong

Forberedelsestid: 2 timer og 11 minutter

Porsjoner: 10

Ingredienser:

- 4 pund beinbuljong
- 2 ss. olje
- 1 spiseskje. Eple eddik
- 1 kvist fersk persille
- 1 stilk selleri; kuttet i tredjedeler
- 1 liten løk; skrelles og kuttes i to
- 2 fedd hvitløk; hakket.
- 1 ts. tørt laurbærblad
- 1/2 ts. hel sort pepper
- 1 ts. kosher salt

Bruksanvisning:

1. Smør en ildfast form med olivenolje og legg kjøttbeina på den.
2. Stek beinene i 30 minutter i en ovn på 420 F. Snu beinene og stek i ytterligere 20 minutter.
3. Fyll instant-gryten med vann opptil én tomme under maksimumslinjen.

4. Tilsett alle ingrediensene, inkludert roastbiffben, i vannet.
5. Fest lokket. Drei trykkutløserspaken til *forseglet* posisjon.
6. Velg funksjonen *Manuell*; still inn på høytrykk og still inn tid til 75 minutter
7. Når det piper; *Slipp naturlig* damp i 10 minutter og åpne lokket til Instant Pot.
8. Sil den tilberedte buljongen gjennom en sil og kast alle faste stoffer, skum av overflatefett og server varm.

Pepperbuljong oppskrift

Forberedelsestid: 2 timer og 11 minutter

Porsjoner: 10

Ingredienser:

- 4 pund beinbuljong
- 1 kopp rød paprika
- 2 ss. olje
- 2 fedd hvitløk; hakket.
- 1/4 ts. røde pepper flak
- 1 stilk selleri; kuttet i tredjedeler
- 1 liten løk; skrelles og kuttes i to
- 1/2 ts. hel sort pepper
- 1/4 ts. malt safran
- 1 ts. kosher salt

Bruksanvisning:

1. Smør bakebollen med olivenolje og legg kjøttbeina på den.
2. Stek beinene i 30 minutter i en ovn på 420 F. Snu beinene og stek i ytterligere 20 minutter.
3. Fyll Instant Pot med vann til én tomme under maksimumslinjen.

4. Tilsett alle ingrediensene: inkludert roastbiffbenene i vannet.

5. Fest lokket. Drei trykkutløserspaken til *forseglet* posisjon.

6. Velg funksjonen *Manuell*; still inn på høytrykk og still inn tid til 75 minutter

7. Når det piper; *Slipp naturlig* damp i 10 minutter og åpne lokket til Instant Pot.

8. Sil den tilberedte buljongen gjennom en sil og kast alle faste stoffer, skum av overflatefett og server varm.

oppskrift på laksebuljong

Forberedelsestid: 59 minutter

Porsjoner: 6

Ingredienser:

- 2 laksehoder fra 2 til 2 ½ lb.
- 6 kopper kaldt vann
- 1 kopp tørr hvitvin
- 1 gulrot; i terninger
- 1 laurbærblad
- 3 kvister fersk timian
- 1 liten løk; kvart
- 2 fedd hvitløk
- 5 pepperkorn

Bruksanvisning:

1. Plasser olivenolje- og laksehodene i instantgryten og *saus* i 5 minutter
2. Hell vann i pannen.
3. Tilsett alle de resterende ingrediensene i vannet
4. Lukk Instant Pot-lokket og vri trykkutløserspaken til forseglet stilling.
5. Velg funksjonen *Manuell*; still inn på høyt trykk og still timeren til 48 minutter

6. Når det piper; *Slipp naturlig* damp i 10 minutter og åpne lokket til Instant Pot.
7. Sil den tilberedte buljongen gjennom en sil og kast alle faste stoffer, skum av overflatefett og server varm.

Oppskrift på bakt tomatsaus

Forberedelsestid: 20 minutter

Porsjoner: 4

Ingredienser:

- 28 oz. Hermetisert; ildstekte tomater i terninger
- 1 lilla løk; hakket.
- 4 chipotle peppers i adobo saus
- 2 ts. spisskummen pulver
- 4 ts. meksikansk rød pepper pulver
- 4 ts. salt
- 1 grønn paprika, hakket.
- 1 jalapenopepper; oppskåret
- 8 fedd hvitløk
- 1 kopp vann

Bruksanvisning:

1. Ha alle ingrediensene i Instant Pot.
2. Lukk Instant Pot-lokket og vri trykkutløserspaken til *forseglet* posisjon.
3. Velg funksjonen *Manuell*; juster til høyt trykk og still timeren til 10 minutter
4. Når det piper; *Slipp raskt* damp og åpne lokket på Instant Pot.
5. Ha sausen over i en blender og bland godt til en jevn blanding Bruk umiddelbart eller oppbevar i en flaske for senere bruk.

Urtekylling oppskrift

Forberedelsestid: 66 minutter

Porsjoner: 8

Ingredienser:

- 2½ pund kylling (kun bein)
- 1 liten løk; skrelles og kuttes i to
- 1 ts. tørt laurbærblad
- 1 kvist fersk persille
- 1/2 ts. hel sort pepper
- 1/4 ts. oregano
- 1/4 ts. tørr basilikum
- 8 kopper vann

- 1 ts. havsalt

Bruksanvisning:

1. Hell vannet i Instant Pot.
2. Ha alle ingrediensene i vannet
3. Lukk Instant Pot-lokket og vri trykkutløserspaken til *forseglet* posisjon.
4. Velg funksjonen *Manuell*; sett på høyt trykk og still timeren til 60 minutter
5. Når det piper; *Slipp naturlig* damp i 10 minutter og åpne lokket til Instant Pot.
6. Sil den tilberedte buljongen gjennom en sil og kast alle faste stoffer, skum av overflatefett og server varm.

Cashew ostesaus oppskrift

Forberedelsestid: 15 minutter

Porsjoner: 5

Ingredienser:

- 3/4 kopp Yukon Gold-poteter; skrelles og hakkes.
- 1/4 hvit løk; skrelles og dels i kvarte
- 1 hvitløksfedd; skrelles
- 1/2 kopp gulrøtter; skrelles og kuttes
- 1 spiseskje. glatt hvit miso
- 1/2 ts. røkt eller søt paprika
- 1 spiseskje. sitronsaft
- 1/4 kopp rå cashewnøtter
- 1/4 kopp næringsgjær
- 1 kopp vann
- 1 spiseskje. Eple eddik

- 1 ts. havsalt

Bruksanvisning:

1. Ha alle ingrediensene i instant-gryten
2. Lukk Instant Pot-lokket og vri trykkutløserspaken til *forseglet* posisjon.
3. Velg funksjonen *Manuell*; juster til høyt trykk og still timeren til 5 minutter
4. Når det piper; *Slipp raskt* damp og åpne lokket på Instant Pot.
5. Overfør sausen til en blender og bland godt for å danne en homogen blanding. Bruk umiddelbart eller oppbevar i en flaske for senere bruk.

Tunisiske kikerter oppskrift

Forberedelsestid: 30 minutter

Porsjoner: 8

Ingredienser:

- 1 kopp gulrot; i terninger
- 2 kopper kikerter; vasket og drenert
- 1/2 ts. Eple eddik
- 1 spiseskje. timianblader
- 1/2 ts. røde pepper flak
- 1/2 kopp grønn løk; hakket.
- 1 ts. tørt laurbærblad
- 8 kopper vann
- 1 ts. kosher salt

Bruksanvisning:

1. Hell vannet i Instant Pot.
2. Ha alle ingrediensene i vannet. Lukk Instant Pot-lokket og vri trykkutløserspaken til *forseglet* posisjon.
3. Velg funksjonen *Manuell*. Sett på høyt trykk og still timer til 20 minutter
4. Når det piper; *Slipp naturlig* damp i 10 minutter og åpne lokket til Instant Pot.
5. Sil den tilberedte buljongen gjennom en sil og kast alt faststoff. Server den varm.

marinara saus oppskrift

Forberedelsestid: 26 minutter

Porsjoner: 6

Ingredienser:

- 2 fedd hvitløk; hakket
- 2 små løk; hakket.
- 2 gulrøtter; i terninger
- 4 bokser tomater; i terninger
- 2 ss. smør; uten salt
- 4 ss. olje
- 3 ts. tørr basilikum
- 3 ts. tørr oregano
- Persille; fersk
- 1½ ts. havsalt

- nykvernet sort pepper etter smak

Bruksanvisning:

1. Hell oljen i Instant Pot og velg funksjonen *Saut*.
2. Ha alle grønnsakene i oljen og stek i 5 minutter
3. Ha nå alle de resterende ingrediensene: unntatt smøret og sort pepper i Instant Pot.
4. Lukk Instant Pot-lokket og vri trykkutløserspaken til *forseglet* posisjon.
5. Velg funksjonen *Manuell*, still inn på høyt trykk og still timeren til 10 minutter
6. Når det piper; *Slipp raskt* damp og åpne lokket på Instant Pot.
7. Bruk en stavmikser til å blande sausen til en jevn pasta.
8. Tilsett smør og sort pepper og stek i 1 minutt på *Saut*-funksjonen. Rør godt og server med pasta.

Oppskrift på kyllinggrønnkålbuljong

Forberedelsestid: 66 minutter

Porsjoner: 8

Ingredienser:

- 2½ pund kylling (kun bein)
- 1 liten løk; skrelles og kuttes i to
- 1 ts. tørt laurbærblad
- 1 stilk selleri; kuttet i tredjedeler
- 1 haug fersk grønnkål
- 8 kopper vann
- Salt og sort pepper etter smak

Bruksanvisning:

1. Hell vannet i Instant Pot.
2. Ha alle ingrediensene i vannet. Lukk Instant Pot-lokket og vri trykkutløserspaken til *forseglet* posisjon.
3. Velg funksjonen *Manuell*; sett på høyt trykk og still timeren til 60 minutter
4. Når det piper; *Slipp naturlig* damp i 10 minutter og åpne lokket til Instant Pot.
5. Sil den tilberedte buljongen gjennom en sil og kast alle faste stoffer, skum av overflatefett og server varm.

oppskrift på søt karamellsaus

Forberedelsestid: 60 minutter

Porsjoner: 4

Ingredienser:

- 2 (14 oz. søtet kondensert melk bokser)
- 6 (3 oz. hermetikkglass)
- 1 kopp vann

Bruksanvisning:

1. Hell koppen med vann i Instant Pot og plasser stativet inni.
2. Hell den kondenserte melken i hermetikkglassene, Plasser glassene på stativet.
3. Lukk Instant Pot-lokket og vri trykkutløserspaken til *forseglet* posisjon.
4. Velg funksjonen *Manuell*; still inn på høyt trykk og still timeren til 50 minutter
5. Når det piper; *Slipp raskt* damp og åpne lokket på Instant Pot. Rist hver krukke og oppbevar i kjøleskapet for senere bruk.

Super rask oppskrift på hvitløkssaus

Forberedelsestid: 8 minutter

Porsjoner: 2

Ingredienser:

- 1 kopp vann; (delt som forklart i Forberedelser nedenfor
- 4 ss. hakket hvitløk
- 2 ss. hakket fersk persille
- 4 ss. mais stivelse
- 2 ts. Hvitløkspulver
- 4 kopper rømme
- Salt og pepper etter smak

Bruksanvisning:

1. Ha halvparten av vannet, hvitløk, hvitløkspulver, fløte, salt og pepper i Instant Pot
2. Lukk Instant Pot-lokket og vri trykkutløserspaken til *forseglet* posisjon.
3. Velg funksjonen *Manuell*; juster til høyt trykk og still timeren til 3 minutter
4. Når det piper; *Slipp raskt* damp og åpne lokket på Instant Pot.

5. Bland maisstivelsen med det resterende vannet. Tilsett denne pastaen i hvitløkssausen, rør inn persillen og server.

saus oppskrift

Forberedelsestid: 15 minutter

Porsjoner: 6

Ingredienser:

- 1/4 ss. Svart pepper; nymalt
- 1/4 ss. løkpulver
- 2½ ss. hvitt sukker
- 1/2 oz. sitronsaft
- 1/2 oz. Worcestershire saus
- 2 oz. Eple eddik
- 1/4 ss. tørt sennepspulver
- 8 oz. Ketchup Heinz
- 2½ ss. brunt sukker
- 1/2 oz. lys maissirup
- 1/2 ss. gni push
- 4 oz. vann

Bruksanvisning:

1. Ha alle ingrediensene i instant-gryten
2. Lukk Instant Pot-lokket og vri trykkutløserspaken til *forseglet* posisjon.
3. Velg funksjonen *Manuell*; still inn på høyt trykk og still inn tid til 5 minutter
4. Når det piper; *Slipp naturlig* damp i 10 minutter og åpne lokket til Instant Pot. Bruk umiddelbart eller oppbevar i en flaske for senere bruk.

Oppskrift på kyllingsoppbuljong

Forberedelsestid: 66 minutter

Porsjoner: 8

Ingredienser:

- 1 kopp cremini sopp; i terninger
- 2½ pund kylling (kun bein)
- 1 ts. tørt laurbærblad
- 1/2 ts. hvit pepper
- 8 kopper vann
- 1/2 ts. hel sort pepper
- 1 purre; finhakket.
- 1 liten løk; skrelles og kuttes i to
- 1 ts. kosher salt

Bruksanvisning:

1. Hell vannet i Instant Pot.
2. Ha alle ingrediensene i vannet.
3. Lukk Instant Pot-lokket og vri trykkutløserspaken til *forseglet* posisjon.
4. Velg funksjonen *Manuell*, still inn på høyt trykk og still timeren til 60 minutter
5. Når det piper; *Slipp naturlig* damp i 10 minutter og åpne lokket til Instant Pot
6. Sil den tilberedte buljongen gjennom en sil og kast alle faste stoffer, skum av overflatefett og server varm.

Sjømat Gumbo oppskrift

Forberedelsestid: 66 minutter

Porsjoner: 8

Ingredienser:

- 1/2 kg krabbeskjell
- 1/2 kg rekeskall
- 6 kopper kaldt vann
- 1 kopp tørr hvitvin
- 1 liten løk; kvart
- 1 laksehode
- 1 laurbærblad
- 3 kvister fersk timian
- 5 pepperkorn
- 2 fedd hvitløk
- 1 gulrot; i terninger

Bruksanvisning:

1. Plasser oljelaksehodet, krabbeskjell og rekeskall i instantgryten og *svits* i 5 minutter
2. Hell vannet i Instant Pot.
3. Tilsett alle de resterende ingrediensene i vannet.
4. Lukk Instant Pot-lokket og vri trykkutløserspaken til *forseglet* posisjon.
5. Velg funksjonen *Manuell*, still inn på høyt trykk og still timeren til 48 minutter
6. Når det piper; *Slipp naturlig* damp i 10 minutter og åpne lokket til Instant Pot.
7. Sil den tilberedte buljongen gjennom en sil og kast alle faste stoffer, skum av overflatefett og server varm.

Oppskrift på tomat- og krabbebuljong

Forberedelsestid: 1 time og 30 minutter

Porsjoner: 8

Ingredienser:

- 2 kg krabbeskjell
- 2 ss. tomatpuré
- 1 løk; grovt snitt – hud
- 4 fedd hvitløk
- 1 ts. svart pepper
- 1 ts. persilleflak
- 2 laurbærblader
- 1 kopp gulrot; grovt snitt
- 2 stangselleri; grovt snitt
- 4 kvister fersk timian
- 10 kopper vann

Bruksanvisning:

1. Plasser krabbeskjellene og grønnsakene i hurtiggryten og *svits* i 5 minutter
2. Hell vannet i Instant Pot.
3. Tilsett alle de resterende ingrediensene i vannet.
4. Lukk Instant Pot-lokket og vri trykkutløserspaken til *forseglet* posisjon.
5. Velg funksjonen *Manuell*, still inn på høyt trykk og still timeren til 80 minutter
6. Når det piper; *Slipp naturlig* damp i 10 minutter og åpne lokket til Instant Pot.
7. Sil den tilberedte buljongen gjennom en sil og kast alt fast stoff, server

oppskrift på ansjosbuljong

Forberedelsestid: 25 minutter

Porsjoner: 8

Ingredienser:

- 2 oz. tørket ansjos
- 1/2 ts. hel sort pepper
- 8 kopper vann
- 1 stilk selleri; kuttet i tredjedeler
- 6 små biter kombu
- 1 ts. kosher salt

Bruksanvisning:

1. Hell vannet i Instant Pot.
2. Ha alle ingrediensene i vannet.
3. Lukk Instant Pot-lokket og vri trykkutløserspaken til *forseglet* posisjon.
4. Velg funksjonen *Manuell*. Sett på høyt trykk og still timer til 20 minutter
5. Når det piper; *Slipp naturlig* damp i 10 minutter og åpne lokket til Instant Pot.
6. Sil den tilberedte buljongen gjennom en sil og kast alle faste stoffer, skum av overflatefett og server varm.

Oppskrift på tomat og basilikumsaus

Forberedelsestid: 20 minutter

Porsjoner: 8

Ingredienser:

- 8 pund Roma tomater; i terninger
- 1 kopp hakket fersk basilikum
- 2 ss. salt
- 1 spiseskje. pepper
- 1 spiseskje. Hvitløkspulver
- 3 ss. italiensk krydder
- 4 ss. olje
- 1/2 fedd hvitløk; hakket
- 2 løk; i terninger
- 1/2 ts. knust paprika
- 2 laurbærblader

Bruksanvisning:

1. Hell oljen i Instant Pot og velg funksjonen *Saut*.
2. Tilsett hvitløk og løk i oljen og fres i 5 minutter
3. Tilsett nå alle de resterende ingrediensene; unntatt basilikum for instant pot.
4. Lukk Instant Pot-lokket og vri trykkutløserspaken til *forseglet* posisjon.

5. Velg funksjonen *Manuell*; juster til høyt trykk og still timeren til 10 minutter
6. Når det piper; *Slipp raskt* damp og åpne lokket på Instant Pot.
7. Riste godt; fjern laurbærbladene og tilsett basilikum i sausen, server

oppskrift på grillsaus

Forberedelsestid: 23 minutter

Porsjoner: 5

Ingredienser:

- 2 ss. sesamolje
- 2 ts. varm saus
- 2 mellomstore løk; grovhakket.
- 1/2 kopp hvit eddik
- 1 ts. granulert hvitløk
- 2 ts. flytende røyk
- 1/4 ts. malte nellik
- 1/4 ts. spisskummen pulver
- 1 kopp tomatpuré
- 1 kopp vann
- 1/2 kopp honning
- 1 ½ kopper frøfri svisker
- 2 ts. havsalt

Bruksanvisning:

1. Ha olivenolje, løk og hvitløk i Instant Pot og *svits* i 3 minutter,
2. Kombiner alle ingrediensene og bland godt
3. Lukk Instant Pot-lokket og vri trykkutløserspaken til *forseglet* posisjon.

4. Velg funksjonen *Manuell*, still inn på høyt trykk og still timeren til 10 minutter

5. Når det piper; *Slipp raskt* damp og åpne lokket på Instant Pot.

6. Overfør sausen til en blender og bland godt for å danne en homogen blanding. Bruk umiddelbart eller oppbevar i en flaske for senere bruk.

Oppskrift på sopp og maisbuljong

Forberedelsestid: 20 minutter

Porsjoner: 8

Ingredienser:

- 4 store sopp; i terninger
- 2 mais aks
- 1 stilk selleri; kuttet i tredjedeler
- 1 ts. rødhåret; Takknemlig
- 8 kopper vann
- 1 kvist fersk persille
- 1/2 ts. hel sort pepper
- 1 liten løk; skrelles og kuttes i to
- 1 ts. tørt laurbærblad
- 1/2 ts. malt safran
- 1 ts. kosher salt

Bruksanvisning:

1. Hell vannet i Instant Pot.
2. Tilsett alle ingrediensene i vannet
3. Lukk Instant Pot-lokket og vri trykkutløserspaken til *forseglet* posisjon.
4. Velg funksjonen *Manuell* og still inn på høyt trykk, sett tiden til 15 minutter
5. Når det piper; *Slipp naturlig* damp i 10 minutter og åpne lokket til Instant Pot.
6. Sil den tilberedte buljongen gjennom en sil og kast alt faststoff. Server den varm.

appelsinsaus

Porsjoner: 30

Koketid: 5 minutter

Ingredienser:

- 12 gram tranebær
- ½ ts appelsinskall
- 1 kopp sukker
- 1 kopp appelsinjuice

Bruksanvisning:

1. Tilsett alle ingrediensene i Instant Pot og bland godt.
2. Lukk gryten med lokk og kok over høy varme i 5 minutter.
3. Slipp trykket ved å bruke hurtigutløsningsmetoden og åpne lokket.
4. La avkjøles helt og oppbevar.
5. Næringsverdier per porsjon:
6. Kalorier: 35; Karbohydrater: 8,6 g; Protein: 0,1 g; Fett: 0g; Sukker: 7,8 g; Natrium: 0mg

eplemos

Porsjoner: 8

Koketid: 10 minutter

Ingredienser:

- 1 eple, skrelt, kjernehuset og i terninger
- ½ kopp lønnesirup
- ½ kopp eplecider
- 1 appelsinskall
- 1 appelsinjuice
- 12 gram ferske tranebær, vasket

Bruksanvisning:

1. Tilsett alle ingrediensene i Instant Pot og bland godt.
2. Lukk gryten med lokk og kok over høy varme i 5 minutter.
3. La trykket slippe naturlig i 5 minutter og slipp deretter ved hjelp av hurtigutløsningsmetoden.
4. La avkjøles helt og oppbevar.

Næringsverdier per porsjon:

Kalorier: 101; Karbohydrater: 23,9 g; Protein: 0,2g; Fett: 0,1 g; Sukker: 18,8g; Natrium: 3mg

Rosmarin og tranebærsaus

Porsjoner: 16

Koketid: 5 minutter

Ingredienser:

- 2 kg epler, pitlet og kuttet i terninger
- 2 ss lønnesirup
- 1 kvist fersk rosmarin
- 1 kopp eplecider
- 12 gram tranebær

Bruksanvisning:

1. Tilsett alle ingrediensene i Instant Pot og bland godt.
2. Lukk gryten med lokk og kok over høy varme i 5 minutter.
3. Slipp trykket ved å bruke hurtigutløsningsmetoden og åpne lokket.
4. Kast rosmarinen fra sausen og puré til ønsket konsistens er oppnådd.
5. La avkjøles helt og oppbevar.

Næringsverdier per porsjon:

Kalorier: 40; Karbohydrater: 9,3 g; Protein: 0,1 g; Fett: 0,1 g; Sukker: 6,9 g; Natrium: 1mg

Eple- og jordbærsaus

Porsjoner: 15

Koketid: 19 minutter

Ingredienser:

- 6 epler, skrelt, kjernehuset og i terninger
- ¼ kopp) sukker
- 1 pære, skrellet, pitlet og kuttet i terninger
- 2 ss fersk sitronsaft
- ¼ teskje kanel
- 2 kopper jordbær

Bruksanvisning:

1. Tilsett alle ingrediensene i Instant Pot og bland godt.
2. Lukk gryten med lokk og kok over høy varme i 4 minutter.
3. La trykket slippe naturlig i 15 minutter og slipp deretter ved hjelp av hurtigutløsningsmetoden.
4. Mos sausen med juiceren til ønsket konsistens er oppnådd.
5. La avkjøles helt og oppbevar.

Næringsverdier per porsjon:

Kalorier: 71; Karbohydrater: 18,6 g; Protein: 0,4g; Fett: 0,3g; Sukker: 14,5 g; Natrium: 2mg

Gresskar eple kanelsaus

Porsjoner: 8

Koketid: 10 minutter

Ingredienser:

- 2 ½ pund epler, skrelt, kjernehus og i terninger
- 2/3 kopp vann
- 2 ½ ss brunt sukker
- 1 ½ ts kanel
- 2/3 kopp gresskarpuré

Bruksanvisning:

1. Tilsett alle ingrediensene i Instant Pot og bland godt.
2. Lukk gryten med lokk og kok over høy varme i 5 minutter.
3. La trykket slippe naturlig i 5 minutter og slipp deretter ved hjelp av hurtigutløsningsmetoden.
4. La den avkjøles helt og ha over i en kjele.
5. Oppbevares i kjøleskapet.

Næringsverdier per porsjon:

Kalorier: 55; Karbohydrater: 14,4g; Protein: 0,4g; Fett: 0,2g; Sukker: 10,7 g; Natrium: 3mg

kyllingbeinbuljong

Porsjoner: 4

Koketid: 70 minutter

Ingredienser:

- 1 kyllingbein
- 6 kopper vann
- ¼ kopp eplecidereddik
- 1 ss havsalt

Bruksanvisning:

1. Tilsett alle ingrediensene i Instant Pot.
2. Lukk kjelen med lokk og kok i manuell modus i 60 minutter.
3. La trykket slippe naturlig i 10 minutter og slipp deretter ved hjelp av hurtigutløsningsmetoden.
4. Sil buljongen og reserver.

Næringsverdier per porsjon:

Kalorier: 38; Karbohydrater: 0,9 g; Protein: 4,9 g; Fett: 1,4g; Sukker: 0,7 g; Natrium: 763mg

rester av kalkunkraft

Porsjoner: 4

Koketid: 70 minutter

Ingredienser:

- 1 kg kalkunskrottrester
- 6 kopper vann
- 2 fedd hvitløk
- 1 kopp gulrot, i skiver
- 1 kopp selleri, i skiver
- 1 kopp løk, i terninger

Bruksanvisning:

1. Tilsett alle ingrediensene i Instant Pot.
2. Lukk kjelen med lokk og kok i manuell modus i 60 minutter.
3. La trykket slippe naturlig i 10 minutter og slipp deretter ved hjelp av hurtigutløsningsmetoden.
4. Sil buljongen og spar.

Næringsverdier per porsjon:

Kalorier: 10; Karbohydrater: 0,9 g; Protein: 2g; Fett: 0g; Sukker: 0,9 g; Natrium: 990mg

Bolognese saus

Porsjoner: 4

Koketid: 8 minutter

Ingredienser:

- 1 kg kjøttdeig
- 1 ½ ts hvitløk, finhakket
- 3 ss frisk persille, finhakket
- 14 gram marinara saus

Bruksanvisning:

1. Tilsett alle ingrediensene i Instant Pot og bland godt.
2. Lukk gryten med lokk og kok over høy varme i 8 minutter.
3. Slipp trykket ved å bruke hurtigutløsningsmetoden og åpne lokket.
4. Rør godt og server.

Næringsverdier per porsjon:

Kalorier: 300; Karbohydrater: 14,2g; Protein: 36,3 g; Fett: 9,8g; Sukker: 8,8 g; Natrium: 483mg

krydret biffbuljong

Porsjoner: 6

Koketid: 45 minutter

Ingredienser:

- 2 kg oksebein
- ½ ts rød pepperflak
- 2 skjeer chilipepper
- 3 ss rødvinseddik
- ¼ kopp løk, hakket
- ¼ kopp selleri, hakket
- ¼ kopp selleristilk, hakket
- 3 fedd hvitløk
- 3 chilipepper
- 1 skje salt

Bruksanvisning:

1. Tilsett alle ingrediensene i pannen og hell i nok vann til å dekke.
2. Lukk gryten med lokk og kok over høy varme i 35 minutter.
3. La trykket slippe naturlig i 10 minutter og slipp deretter ved hjelp av hurtigutløsningsmetoden.
4. Sil kraften og oppbevar.

Næringsverdier per porsjon:

Kalorier: 17; Karbohydrater: 1,7 g; Protein: 2g; Fett: 0,4g; Sukker: 0,6 g; Natrium: 396mg

Kyllingtimiankraft

Porsjoner: 4

Koketid: 35 minutter

Ingredienser:

- 2 kg kyllinghals
- 1 skje svart pepper
- 1 ts tørket timian
- ½ kopp frisk persille, hakket
- 2 kyllinglår
- 2 ts havsalt

Bruksanvisning:

1. Tilsett alle ingrediensene i pannen og hell i nok vann til å dekke.
2. Lukk gryten med lokk og kok over høy varme i 25 minutter.
3. La trykket slippe naturlig i 10 minutter og slipp deretter ved hjelp av hurtigutløsningsmetoden.
4. Sil kraften og oppbevar.

Næringsverdier per porsjon:

Kalorier: 12; Karbohydrater: 1g; Protein: 0,8g; Fett: 0,6g; Sukker: 0,1 g; Natrium: 941mg

Krydret lammefond

Porsjoner: 5

Koketid: 6 timer og 10 minutter

Ingredienser:

- 2 kg lammebein
- ½ ts hvit pepper
- 1 ts rød pepperflak
- 2 ts chilipulver
- ¼ kopp rødvinseddik
- ¼ kopp selleri, hakket
- 5 fedd hvitløk
- 1 løk, i skiver
- 1 skje salt

Bruksanvisning:

1. Tilsett alle ingrediensene i Instant Pot og hell i nok vann til å dekke.
2. Forsegl pannen med lokk og kok i saktekokermodus i 6 timer.
3. La trykket slippe naturlig i 10 minutter og slipp deretter ved hjelp av hurtigutløsningsmetoden.
4. Sil kraften og oppbevar.

Næringsverdier per porsjon:

Kalorier: 24; Karbohydrater: 4,2g; Protein: 2,5g; Fett: 0,7 g; Sukker: 1,2g; Natrium: 620mg

klassisk oksebuljong

Porsjoner: 4

Koketid: 45 minutter

Ingredienser:

- 2 kg oksebein
- ½ ts tørket basilikum
- 1 ts pepper
- 4 fedd hvitløk
- ½ kopp selleristilker, hakket
- 2 ss rødvinseddik
- 1 ts havsalt

Bruksanvisning:

1. Tilsett alle ingrediensene i Instant Pot og hell i nok vann til å dekke.
2. Lukk gryten med lokk og kok over høy varme i 35 minutter.
3. La trykket slippe naturlig i 10 minutter og slipp deretter ved hjelp av hurtigutløsningsmetoden.
4. Sil kraften og oppbevar.

Næringsverdier per porsjon:

Kalorier: 18; Karbohydrater: 1,8 g; Protein: 2,3 g; Fett: 0,4g; Sukker: 0,2 g; Natrium: 479mg

selleri lammekraft

Porsjoner: 4

Koketid: 15 minutter

Ingredienser:

- 2 kg lammebein
- 1 ts tørket timian
- 2 ss eplecidereddik
- ½ kopp selleriblader
- 2 stangselleri, hakket
- 2 løk, i skiver
- 1 skje salt

Bruksanvisning:

1. Tilsett alle ingrediensene i Instant Pot og hell i nok vann til å dekke.
2. Lukk gryten med lokk og kok over høy varme i 15 minutter.
3. Slipp trykket ved å bruke hurtigutløsningsmetoden og åpne lokket.
4. Sil kraften og oppbevar.

Næringsverdier per porsjon:

Kalorier: 42; Karbohydrater: 6g; Protein: 3,4g; Fett: 0,6g; Sukker: 2,6 g; Natrium: 773mg

Smør ostesaus

Porsjoner: 8

Koketid: 8 minutter

Ingredienser:

- 1/3 kopp smør
- ¼ teskje tørket basilikum
- 1 ts rød pepperflak
- 1 kopp grønnsaksbuljong
- 2 fedd hvitløk, knust
- ¼ kopp frisk persille, hakket
- 2 ss revet parmesanost
- 1 kopp cottage cheese
- 2 kopper cottage cheese
- ½ teskje salt

Bruksanvisning:

1. Tilsett smør, basilikum, røde pepperflak og salt i Instant Pot og sett kjelen i sautemodus.
2. Når smøret er smeltet, tilsett hvitløk og fres i et minutt.
3. Tilsett parmesanost, cottage cheese og kremost og stek i 2 minutter.
4. Tilsett persille og buljong. Riste godt. Lukk kjelen med lokk og kok i manuell modus i 6 minutter.

5. Slipp trykket ved å bruke hurtigutløsningsmetoden og åpne lokket.
6. Etter at sausen er helt avkjølt, oppbevar du den i en krukke.

Næringsverdier per porsjon:

Kalorier: 308; Karbohydrater: 3,2g; Protein: 9,2g; Fett: 29,3g; Sukker: 0,5 g; Natrium: 617mg

Ost Løksaus

Porsjoner: 5

Koketid: 35 minutter

Ingredienser:

- 1 hakket løk
- 2 ts tørket persille
- 1 ts løkpulver
- 2 skjeer olivenolje
- 1 kopp grønnsaksbuljong
- 2 kopper cottage cheese

Bruksanvisning:

1. Tilsett oljen i Instant Pot og sett pannen i sauté-modus.
2. Tilsett løken og fres i 10 minutter.
3. Tilsett de resterende ingrediensene og rør godt.
4. Forsegl pannen med lokk og kok i manuell modus i 15 minutter.
5. La trykket slippe naturlig i 10 minutter og slipp deretter ved hjelp av hurtigutløsningsmetoden.
6. La avkjøles helt og oppbevar.

Næringsverdier per porsjon:

Kalorier: 385; Karbohydrater: 5,3 g; Protein: 7,3 g; Fett: 3804g; Sukker: 1,7 g; Natrium: 420mg

Enchiladasaus

Porsjoner: 8

Koketid: 20 minutter

Ingredienser:

- 14 oz boks ristede tomater, i terninger
- ½ kopp vann
- 1 ts rød pepperpulver
- 2 chipotle peppers i adobo saus
- 3 fedd hvitløk
- ½ jalapenopepper, i skiver
- ½ paprika, hakket
- ½ løk, hakket
- 1 skje salt

Bruksanvisning:

1. Tilsett alle ingrediensene unntatt tomatene i Instant Pot og rør godt.
2. Legg tomater på toppen. Lukk gryten med lokk og kok over høy varme i 10 minutter.
3. La trykket slippe naturlig i 10 minutter og slipp deretter ved hjelp av hurtigutløsningsmetoden.
4. Pisk sausen med blenderen og oppbevar.

Næringsverdier per porsjon:

Kalorier: 20; Karbohydrater: 4,2g; Protein: 0,7 g; Fett: 0,1 g; Sukker: 1,9 g; Natrium: 408mg

Karri tomatsaus

Porsjoner: 8

Koketid: 13 minutter

Ingredienser:

- 28 gram hermetiske tomater, knust
- ½ kopp kokosmelk
- ½ ts sort pepper
- 1 ss friske timianblader
- ¼ teskje kanelpulver
- ¼ ts rød pepperflak
- ½ ts safran
- ½ ts garam masala
- 1 ss ingefær, finhakket
- 3 fedd hvitløk
- ½ løk, i terninger
- 1 ts havsalt

Bruksanvisning:

1. Tilsett alle ingrediensene i Instant Pot og bland godt.
2. Lukk gryten med lokk og kok over høy varme i 10 minutter.
3. Slipp trykket ved å bruke hurtigutløsningsmetoden og åpne lokket.
4. Bruk blenderen til å pure sausen til den er jevn.
5. Overfør sausen til en beholder og oppbevar.

Næringsverdier per porsjon:

Kalorier: 58; Karbohydrater: 7,4 g; Protein: 1,5g; Fett: 3,1g; Sukker: 3,7 g; Natrium: 448mg

Mesan basilikumsaus

Porsjoner: 5

Koketid: 15 minutter

Ingredienser:

- 1 skje parmesanost
- ¼ teskje tørket timian
- ¼ teskje svart pepper
- 1 skje olivenolje
- 1 hvitløksfedd, knust
- ½ kopp fersk basilikum
- ½ kopp fetaost, smuldret
- 1 kopp cottage cheese
- ½ teskje salt

Bruksanvisning:

1. Tilsett alle ingrediensene i den varmefaste bollen og bland godt.
2. Hell ½ kopp vann i instant-gryten og legg en bordskinne i potten.
3. Plasser bollen på toppen av stativet. Lukk kjelen med lokk og kok i manuell modus i 10 minutter.
4. Slipp trykket ved å bruke hurtigutløsningsmetoden og åpne lokket.
5. Ta bollen ut av pannen og la den avkjøles helt.
6. Avkjøl i en time. Serveres avkjølt.

Næringsverdier per porsjon:
Kalorier: 232; Karbohydrater: 2,2g; Protein: 6,1 g; Fett: 22,5g; Sukker: 0,7 g; Natrium: 555mg

Tomatsaus og geitost

Porsjoner: 4

Koketid: 3 timer

Ingredienser:

- 1 kopp geitost, smuldret
- ¼ ts chilipulver
- 1 ts tørket rosmarin
- ¼ kopp eplecidereddik
- 3 skjeer olivenolje
- 3 fedd hvitløk, knust
- 1 hakket løk
- ½ kopp revet mozzarellaost
- 1 kopp tomat, i terninger

Bruksanvisning:

1. Tilsett alle ingrediensene i Instant Pot og rør godt for å kombinere.
2. Forsegl pannen med lokk og kok i saktekokermodus i 3 timer.
3. Slipp trykket ved å bruke hurtigutløsningsmetoden og åpne lokket.
4. La avkjøles helt og server.

Næringsverdier per porsjon:
Kalorier: 207; Karbohydrater: 6,6 g; Protein: 6,9 g; Fett: 18,3g; Sukker: 2,4 g; Natrium: 162mg

Marinara saus

Porsjoner: 8

Koketid: 17 minutter

Ingredienser:

- ¼ kopp vann
- ¼ ts rød pepperflak
- ½ teskje oregano
- ½ ts timian
- 3 skjeer fersk basilikum
- 1 gulrot, skrelt og revet
- 1 ¼ pund tomater, knuste
- 3 fedd hvitløk, finhakket
- 1 hakket løk
- 1 skje olivenolje
- Pepper
- salt

Bruksanvisning:

1. Tilsett oljen i Instant Pot og sett pannen i sauté-modus.
2. Tilsett hvitløk og løk og fres i 2 minutter.
3. Tilsett de resterende ingrediensene og rør godt.
4. Lukk gryten med lokk og kok over høy varme i 30 minutter.
5. Slipp trykket ved å bruke hurtigutløsningsmetoden og åpne lokket.
6. Pisk sausen med blenderen.
7. La avkjøles helt og oppbevar i en beholder.

Næringsverdier per porsjon:

Kalorier: 39; Karbohydrater: 5,3 g; Protein: 1g; Fett: 1,9 g; Sukker: 2,8 g; Natrium: 29mg

Eplesaus med løk

Porsjoner: 8

Koketid: 55 minutter

Ingredienser:

- 1 hakket løk
- 2 epler, hakket
- ¼ teskje flytende stevia
- ¼ kopp frisk koriander, hakket
- 1 kopp grønnsaksbuljong
- 2 skjeer smør
- ¼ kopp eplecidereddik
- ½ teskje salt

Bruksanvisning:

1. Tilsett smøret i Instant Pot og sett pannen i sautemodus.
2. Tilsett løk og eplet i pannen og fres i 10 minutter.
3. Tilsett stevia, eplecidereddik og salt. Riste godt.
4. Tilsett buljong og koriander. Forsegl pannen med lokk og kok i manuell modus i 35 minutter.
5. La trykket slippe naturlig i 10 minutter og slipp deretter ved hjelp av hurtigutløsningsmetoden.
6. Bruk blenderen til å pure sausen til den er jevn.

Næringsverdier per porsjon:

Kalorier: 66; Karbohydrater: 9g; Protein: 1g; Fett: 3,2g; Sukker: 6,5 g; Natrium: 265mg

Pastasaus

Porsjoner: 12

Koketid: 33 minutter

Ingredienser:

- 8 kopper tomater i terninger
- 1 skje sukker
- 1 skje pepper
- 1 ½ ss italiensk krydder
- 4 fedd hvitløk, finhakket
- 1 løk, i terninger
- 3 kopper vann
- 2 skjeer olivenolje
- 1 skje salt

Bruksanvisning:

- Tilsett oljen i Instant Pot og sett pannen i sauté-modus.
- Tilsett hvitløk og løk og fres i 2-3 minutter.
- Tilsett de resterende ingrediensene og rør godt. Lukk gryten med lokk og kok over høy varme i 30 minutter.
- Slipp trykket ved å bruke hurtigutløsningsmetoden og åpne lokket.
- Pisk sausen i blenderen.
- Server over pasta og nyt.

Næringsverdier per porsjon:

Kalorier: 54; Karbohydrater: 6,5 g; Protein: 1,3g; Fett: 3,1g; Sukker: 4g; Natrium: 203mg

Grønn saus

Servering: 8

Forberedelsestid: 5 minutter

Koketid: 2 minutter

Ingredienser

- 16 oz. grønn paprika
- 8 fedd hvitløk, skrellet og knust
- 1 grønn paprika, hakket
- 1 kopp hvit eddik
- ¼ kopp eplecidereddik
- ½ kopp vann
- 1 ss havsalt

bruksanvisning

1. 1.Plasser alle ingrediensene i Instant Pot.
2. Fest lokket og vri trykkutløserspaken til "forseglet" posisjon.
3. Velg funksjonen 'Manuell'. Sett på høyt trykk og still timeren på 2 minutter.
4. Etter pipetonen, 'Slipp raskt ut' dampen og fjern lokket.
5. Overfør sausen til en blender og bland godt for å danne en homogen blanding.
6. Bruk umiddelbart eller oppbevar i en flaske for senere bruk.

Næringsverdier per porsjon:

Kalorier: 34

Karbohydrater: 6,2g

Protein: 0,3g

Fett: 0,1g

Sukker: 2,8g

Natrium: 932mg

soppsaus

Servering: 3

Forberedelsestid: 5 minutter

Koketid: 8 minutter

Ingredienser

- 1 skje smør
- 2 ½ kopper portabella-sopp, i skiver
- 1 kvist fersk timian
- 1 hvitløksfedd, knust
- ½ kopp krem
- ½ kopp melk
- 3 ts maisstivelse
- 1 ss sitronsaft
- Salt og pepper etter smak
- ½ kopp vann
- 1 skje hakket persille

bruksanvisning

1. Velg "sauté"-funksjonen på Instant Pot og varm opp smøret.
2. Tilsett hvitløk, sopp og timian i det oppvarmede smøret. Stek i 5 minutter.
3. Tilsett salt, pepper, fløte og vann til soppen.

4. Fest lokket og vri trykkutløserspaken til "forseglet" posisjon.
5. Velg "manuell" funksjon, still inn på høyt trykk og still timeren til 3 minutter.
6. Etter pipetonen, 'slipp raskt ut' dampen og fjern lokket.
7. Forbered en pasta ved å blande maisstivelse med en halv kopp melk. Tilsett denne pastaen til soppsausen.
8. Rør inn persille og sitronsaft og server umiddelbart.

Næringsverdier per porsjon:

Kalorier: 69

Karbohydrater: 5,3 g

Protein: 1,8 g

Fett: 4,9 g

Sukker: 2g

Natrium: 27mg

Hvitløksaus

Servering: 2

Forberedelsestid: 5 minutter

Koketid: 3 minutter

Ingredienser

- 1 kopp vann (delt som forklart i instruksjonene nedenfor)
- 4 skjeer finhakket hvitløk
- 2 ts hvitløkspulver
- 4 kopper rømme
- 2 ss hakket fersk persille
- Salt og pepper etter smak
- 4 skjeer maisstivelse

bruksanvisning

1. Ha halvparten av vannet, hvitløk, hvitløkspulver, fløte, salt og pepper i Instant Pot.
2. Fest lokket og vri trykkutløserspaken til "forseglet" posisjon.
3. Velg "manuell" funksjon, still inn på høyt trykk og still timeren til 3 minutter.
4. Etter pipetonen, 'slipp raskt ut' dampen og fjern lokket.
5. Bland maisstivelsen med det resterende vannet. Tilsett denne pastaen til hvitløkssausen.

6. Rør inn persillen og server.

Næringsverdier per porsjon:

Kalorier: 231

Karbohydrater: 7,3 g

Protein: 1,7g

Fett: 22,2g

Sukker: 0,3 g

Natrium: 25mg

Spesiell BBQ-saus

Servering: 5

Forberedelsestid: 10 minutter

Koketid: 5 minutter

Ingredienser

- 8 gram Heinz ketchup
- 1 kopp vann
- 2½ skjeer brunt sukker
- 2½ skjeer hvitt sukker
- ¼ spiseskje sort pepper, nykvernet
- ¼ spiseskje løkpulver
- ¼ spiseskje tørr sennep
- ½ liter sitronsaft
- ½ oz Worcestershiresaus
- 2 gram eplecidereddik
- ½ oz lett maissirup
- ½ spiseskje skrubb

bruksanvisning

1. Ha alle ingrediensene i Instant Pot.
2. Fest lokket og vri trykkutløserspaken til "forseglet" posisjon.
3. Velg "manuell" funksjon, still inn på høyt trykk og still inn tiden til 5 minutter.
4. Etter pipetonen, "slipp naturlig ut" damp i 10 minutter og fjern lokket.
5. Bruk umiddelbart eller oppbevar i en flaske for senere bruk.

Næringsverdier per porsjon:

Kalorier: 85

Karbohydrater: 21,1g

Protein: 0,5 g

Fett: 0,2g

Sukker: 18,6 g

Natrium: 475mg

vannmelon grillsaus

Servering: 8

Forberedelsestid: 15 minutter

Koketid: 20 minutter

Ingredienser

- 2 kopper vannmelonmasse
- 2 kopper mørk maissirup
- ½ kopp vannmelonjuice
- ½ kopp Heinz ketchup
- ½ kopp destillert eddik
- ½ ts knuste røde pepperflak
- 1 ts flytende røyk
- ½ ts nykvernet sort pepper

bruksanvisning

1. Ha den røde delen av vannmelonen i terninger i en foodprosessor og bland.
2. Sil vannmelonmassen fra vannet ditt. Hold den til side for senere bruk.
3. Ha alle ingrediensene, inkludert 1 kopp vannmelonmasse, i Instant Pot.
4. Fest lokket og vri trykkutløserspaken til "forseglet" posisjon.

5. Velg "manuell" funksjon, still inn på høyt trykk og still timeren til 20 minutter.
6. Etter pipetonen, "slipp naturlig ut" damp i 10 minutter og fjern lokket.
7. La småkoke i 5 minutter.
8. Bruk umiddelbart eller oppbevar i en krukke for senere bruk.

Næringsverdier per porsjon:

Kalorier: 244

Karbohydrater: 64,9 g

Protein: 0,3g

Fett: 0,1g

Sukker: 25,6g

Natrium: 170mg

Bacon Bolognese saus

Servering: 6

Forberedelsestid: 5 minutter

Koketid: 45 minutter

Ingredienser

- ½ stor løk, finhakket
- 1 gulrot, finhakket
- 1½ stangselleri, finhakket
- 1½ fedd hakket eller presset hvitløk
- ½ ss olivenolje
- ½ (6 oz. boks tomatpuré)
- 1 kg kjøttdeig
- ½ kopp bacon, i terninger
- ½ spiseskje salt
- ½ ts sort pepper
- ¾ teskje tørket timian
- 1 ts tørket oregano
- 1 (28 unse boks knuste tomater
- 1 kopp helmelk
- 1 kopp tørr rødvin
- pasta å servere

bruksanvisning

1. Hell oljen i Instant Pot og velg "sauté"-funksjonen.
2. Tilsett alle grønnsakene i oljen og stek i 10 minutter.
3. Tilsett tomatpure og alle krydderne. Bruk en stavmikser til å blande sausen.
4. Ha nå alle de resterende ingrediensene i Instant Pot.
5. Fest lokket og vri trykkutløserspaken til "forseglet" posisjon.
6. Velg «kjøttgryte»-funksjonen og still timeren til 35 minutter.
7. Etter pipetonen, 'slipp raskt ut' dampen og fjern lokket.
8. Rør godt og server med pasta.

Næringsverdier per porsjon:

Kalorier: 322

Karbohydrater: 25,8g

Protein: 29,7g

Fett: 7,9 g

Sukker: 16,3g

Natrium: 978mg

cashew saus

Servering: 4

Forberedelsestid: 10 minutter

Koketid: 5 minutter

Ingredienser

- 1 kopp vann
- ¼ hvit løk, skrelt og delt i kvarte
- 1 hvitløksfedd, skrelt
- ½ kopp gulrøtter, skrelt og skåret i skiver
- ¾ kopp Yukon gullpoteter, skrelt og i terninger
- ¼ kopp rå cashewnøtter
- ¼ kopp næringsgjær
- 1 ss mild hvit miso
- ½ ts røkt eller søt paprika
- 1 ss sitronsaft
- 1 ss eplecidereddik
- 1 ts havsalt

bruksanvisning

1. Tilsett alle ingrediensene i Instant Pot.
2. Fest lokket og vri trykkutløserspaken til "forseglet" posisjon.
3. Velg funksjonen "Manuell", still inn på høyt trykk og still timeren til 5 minutter.
4. Etter pipetonen, 'Slipp raskt ut' dampen og fjern lokket.
5. Overfør sausen til en blender og bland godt for å danne en homogen blanding.

6. Bruk umiddelbart eller oppbevar i en flaske for senere bruk.

Næringsverdier per porsjon:

Kalorier: 103

Karbohydrater: 13,4g

Protein: 5,5g

Fett: 3,7g

Sukker: 1,4 g

Natrium: 501mg

Jordbærsaus

Servering: 5

Forberedelsestid: 2 minutter

Koketid: 8 minutter

Ingredienser

- 8 oz. ferske jordbær
- 2 skjeer rå honning
- ½ kopp renpresset appelsinjuice
- ½ ts kanel eller 2 kanelstenger
- 1 skje stevia

bruksanvisning

1. Ha alle ingrediensene i Instant Pot.
2. Fest lokket og vri trykkutløserspaken til "forseglet" posisjon.
3. Velg funksjonen "Manuell", still inn på høyt trykk og still timeren til 8 minutter.
4. Etter pipetonen, 'Slipp raskt ut' dampen og fjern lokket.
5. Bruk en stavmikser til å purere sausen.
6. Server avkjølt eller oppbevar på flaske for senere bruk.

Næringsverdier per porsjon:

Kalorier: 63

Karbohydrater: 15,6g

Protein: 0,5 g

Fett: 0,1g

Sukker: 13,9 g

Natrium: 4mg

Tranebærsaus

Servering: 5

Forberedelsestid: 2 minutter

Koketid: 8 minutter

Ingredienser

- 8 oz. ferske tranebær
- 2 skjeer rå honning
- ½ kopp renpresset appelsinjuice
- ½ ts kanel eller 2 kanelstenger
- 1 skje stevia

bruksanvisning

1. Tilsett alle ingrediensene i Instant Pot.
2. Fest lokket og vri trykkutløserspaken til "forseglet stilling".
3. Velg "manuell" funksjon, still inn på høyt trykk og still timeren til 8 minutter.
4. Når den piper, 'slipp raskt ut' dampen og fjern lokket.
5. Server avkjølt eller oppbevar på flaske for senere bruk.

Næringsverdier per porsjon:

Kalorier: 62

Karbohydrater: 13,7g

Protein: 0,1 g

Fett: 0g

Sukker: 11 g

Natrium: 2mg

Stekt tomatsaus

Servering: 4

Forberedelsestid: 10 minutter

Koketid: 10 minutter

Ingredienser

- 1 rødløk, hakket
- 1 grønn paprika, hakket
- 1 jalapenopepper, i skiver
- 8 fedd hvitløk
- 4 chipotle peppers i adobo saus
- 2 ts spisskummen pulver
- 4 ts meksikansk rød pepperpulver
- 4 skjeer salt
- 1 kopp vann
- 28 oz. hermetiske tomater, bålstekte, i terninger

bruksanvisning

1. Tilsett alle ingrediensene i Instant Pot.
2. Fest lokket og vri trykkutløserspaken til "forseglet" posisjon.
3. Velg "manuell" funksjon, still inn på høyt trykk og still timeren til 10 minutter.
4. Etter pipetonen, 'slipp raskt ut' dampen og fjern lokket.

5. Overfør sausen til en blender og bland godt for å danne en homogen blanding.
6. Bruk umiddelbart eller oppbevar i en flaske for senere bruk.

Næringsverdier per porsjon:

Kalorier: 96

Karbohydrater: 18,4g

Protein: 3,9 g

Fett: 1,4g

Sukker: 7,9 g

Natrium: 2109mg

Basilikum tomatsaus

Servering: 8

Forberedelsestid: 5 minutter

Koketid: 15 minutter

Ingredienser

- 4 skjeer olivenolje
- ½ hvitløksfedd, finhakket
- 2 løk, i terninger
- 8 pund Roma-tomater, i terninger
- 2 skjeer salt
- 1 skje pepper
- 1 skje hvitløkspulver
- 3 ss italiensk krydder
- ½ ts hakket paprika
- 2 laurbærblader
- 1 kopp hakket fersk basilikum

bruksanvisning

1. Tilsett oljen i Instant Pot og velg "sauté"-funksjonen.
2. Tilsett hvitløk og løk i oljen og fres i 5 minutter.
3. Tilsett nå alle de resterende ingrediensene unntatt basilikumen i Instant Pot.
4. Fest lokket og vri trykkutløserspaken til "forseglet" posisjon.

5. Velg funksjonen "Manuell", still inn på høyt trykk og still timeren til 10 minutter.
6. Etter pipetonen, 'Slipp raskt ut' dampen og fjern lokket.
7. Rør godt, fjern laurbærbladene og tilsett basilikum i sausen.
8. Tjene.

Næringsverdier per porsjon:

Kalorier: 197

Karbohydrater: 25,2g

Protein: 0,7 g

Fett: 8,7g

Sukker: 15,5 g

Natrium: 2133 mg

Aubergine bolognese saus

- Servering: 6
- Forberedelsestid: 10 minutter
- Koketid: 35 minutter

Ingredienser

- ½ stor løk, finhakket
- 1 gulrot, finhakket
- 1½ stangselleri, finhakket
- 1½ fedd hakket eller presset hvitløk
- ½ ss olivenolje
- ½ (6 oz. boks tomatpuré)
- 1 kg kjøttdeig
- 1 aubergine, i terninger
- ½ spiseskje salt
- ½ ts sort pepper
- ¾ teskje tørket timian
- 1 ts tørket oregano
- 1 28 oz. boks knust tomat
- 1 kopp helmelk
- 1 kopp tørr rødvin
- pasta å servere

bruksanvisning

1. Hell oljen i Instant Pot. Velg funksjonen 'sauté'.
2. Ha alle grønnsakene i oljen og stek i 10 minutter.
3. Tilsett tomatpure og alle krydderne. Bruk en stavmikser til å blande sausen.
4. Ha nå alle de resterende ingrediensene i Instant Pot.
5. Fest lokket og vri trykkutløserspaken til "forseglet" posisjon.
6. Velg "manuell" funksjon, still inn på høyt trykk og still timeren til 35 minutter.
7. Etter pipetonen, 'slipp raskt ut' dampen og fjern lokket.
8. Rør godt og server med pasta.

Næringsverdier per porsjon:

Kalorier: 259

Karbohydrater: 14,7g

Protein: 26,5g

Fett: 7,5 g

Sukker: 8,8 g

Natrium: 716mg

Betetomatsaus

Servering: 4

Forberedelsestid: 10 minutter

Koketid: 10 minutter

Ingredienser

- 1 skje olivenolje
- ½ stor løk, i terninger
- 2½ selleri ribber, i terninger
- 4 gulrøtter, i terninger
- 4 fedd hvitløk, finhakket
- ½ kopp squash, skrelt og kuttet
- 2 rødbeter, skrelt og i terninger
- 2 ss fersk sitronsaft
- ½ kopp buljong
- 1 laurbærblad
- ½ liten haug med fersk basilikum, grovhakket
- ¼ teskje havsalt

bruksanvisning

1. Tilsett olje i Instant Pot. Velg funksjonen 'sauté'.
2. Ha alle grønnsakene i oljen og stek i 5 minutter.
3. Bland alle de resterende ingrediensene.
4. Fest lokket og vri trykkutløserspaken til 'Forseglet'-posisjon.
5. Velg funksjonen "Manuell", still inn på høyt trykk og still timeren til 10 minutter.
6. Så snart det piper, 'Slipp raskt ut' dampen og fjern lokket.

7. Fjern laurbærbladet, overfør deretter sausen til en blender og bland godt til en jevn blanding.
8. Bruk umiddelbart eller oppbevar i en flaske for senere bruk.

Næringsverdier per porsjon:

Kalorier: 108

Karbohydrater: 16,9 g

Protein: 2,8g

Fett: 3,9 g

Sukker: 8,8 g

Natrium: 316mg

Bolognese linsesaus

Servering: 6

Forberedelsestid: 15 minutter

Koketid: 20 minutter

Ingredienser

- ½ stor løk, finhakket
- 1 gulrot, finhakket
- 1½ stangselleri, finhakket
- 1½ fedd hakket eller presset hvitløk
- ½ ss olivenolje
- ½ boks tomatpuré (6 oz.
- ½ kopp bløtlagte, skyllede og drenerte linser
- ½ spiseskje salt
- ½ ts sort pepper
- ¾ teskje tørket timian
- 1 ts tørket oregano
- 1 boks knuste tomater (28 gram
- 1 kopp helmelk
- 1 kopp tørr rødvin
- pasta å servere

bruksanvisning

1. Hell oljen i Instant Pot og velg "sauté"-funksjonen.
2. Ha alle grønnsakene i oljen og stek i 10 minutter.

3. Tilsett tomatpure og alle krydderne. Bruk en stavmikser til å blande sausen.
4. Ha nå alle de resterende ingrediensene i Instant Pot.
5. Fest lokket og vri trykkutløserspaken til "forseglet" posisjon.
6. Velg "manuell" funksjon, still inn på høyt trykk og still timeren til 20 minutter.
7. Etter pipetonen, 'slipp raskt ut' dampen og fjern lokket.
8. Rør godt og server med pasta.

Næringsverdier per porsjon:

Kalorier: 156

Karbohydrater: 19,8g

Protein: 6,9 g

Fett: 2,8g

Sukker: 6,8 g

Natrium: 666mg

Eple- og kanelsaus

Servering: 6

Forberedelsestid: 10 minutter

Koketid: 7 minutter

Ingredienser

- 1 kg Fuji-epler, skrellet, delt i kvarte
- 1 kg Golden Delicious epler, skrellet, kuttet i kvarte
- ½ kg Granny Smith-epler, skrellet, kuttet i kvarte
- ½ kopp kaldt vann
- 1 ts ren vaniljeekstrakt eller vaniljestangpasta
- ½ ss kanelpulver
- ⅛ teskje malt kardemomme
- 1 stor klype kosher salt

bruksanvisning

1. Ha alle ingrediensene i Instant Pot.
2. Fest lokket og vri trykkutløserspaken til "forseglet" posisjon.
3. Velg "manuell" funksjon, still inn på høyt trykk og still timeren til 7 minutter.
4. Etter pipetonen, "slipp naturlig" ut dampen og fjern lokket.
5. Overfør sausen til en blender og bland godt for å danne en homogen blanding.

6. Bruk umiddelbart eller oppbevar i en flaske for senere bruk.

Næringsverdier per porsjon:

Kalorier: 98

Karbohydrater: 26,2g

Protein: 0,3g

Fett: 0,2g

Sukker: 20g

Natrium: 99mg

krydret indisk saus

Servering: 3

Forberedelsestid: 10 minutter
Koketid: 25 minutter

Ingredienser

- 1 skje olivenolje
- 1½ stor løk, finhakket
- 1½ fedd hvitløk, finhakket
- ½ tomme fersk ingefær, skrelt og revet
- havsalt etter smak
- ½ spiseskje malt koriander
- ½ spiseskje malt spisskummen
- ¼ ts kajennepepper
- ½ ts malt gurkemeie
- ½ ss søt paprika
- ½ (28 oz. boks med hele tomater)

½ kopp vann

bruksanvisning

1. Tilsett oljen, deretter løk, hvitløk og ingefær i Instant Pot og velg 'sauté'-funksjonen og stek i 5 minutter.
2. Tilsett nå alle grønnsakene i pannen og stek i ytterligere 5 minutter.
3. Tilsett alle de resterende ingrediensene i Instant Pot.

4. Fest lokket og vri trykkutløserspaken til "forseglet" posisjon.
5. Velg "manuell" funksjon, still inn på høyt trykk og still timeren til 15 minutter.
6. Etter pipetonen, 'slipp raskt ut' dampen og fjern lokket.
7. Rør godt og server.

Næringsverdier per porsjon:

Kalorier: 83

Karbohydrater: 9,8 g

Protein: 1,6g

Fett: 3,9 g

Sukker: 2,5 g

Natrium: 181mg

Instant Marinara saus

Servering: 5

Forberedelsestid: 10 minutter

Koketid: 16 minutter

Ingredienser

- 4 skjeer olivenolje
- 2 små løk, hakket
- 2 fedd hvitløk, finhakket
- 2 gulrøtter, i terninger
- 4 bokser hakkede tomater
- 3 ts tørket basilikum
- 3 ts tørket oregano
- 1½ ts havsalt
- Nykvernet sort pepper etter smak
- 2 ss smør, usaltet
- Frisk persille, hakket

bruksanvisning

1. Tilsett oljen i Instant Pot og "velg "sauté"-funksjonen.
2. Ha alle grønnsakene i oljen og stek i 5 minutter.
3. Ha nå alle de resterende ingrediensene unntatt smøret og sort pepper i Instant Pot.
4. Fest lokket og vri trykkutløserspaken til "forseglet" posisjon.

5. Velg "manuell" funksjon, still inn på høyt trykk og still timeren til 10 minutter.
6. Etter pipetonen, 'slipp raskt ut' dampen og fjern lokket.
7. Bruk en stavmikser til å blande sausen til en jevn pasta.
8. Tilsett smør og sort pepper og stek i 1 minutt på "saus"-innstillingen.
9. Rør godt og server.

Næringsverdier per porsjon:

Kalorier: 148

Karbohydrater: 6,1 g

Protein: 0,9 g

Fett: 13,3g

Sukker: 3,1 g

Potet- og rekesalat

Forberedelsestid: 10 minutter

Koketid: 16 minutter

Porsjoner: 4

Ingredienser:

- 1 pund babyrøde poteter, skrelt og halvert
- 1 rødløk, hakket
- 1 pund reker, skrellet og renset
- 1 skje olivenolje
- 1 ts krydret paprika
- 1 ss basilikum, hakket
- En klype salt og sort pepper
- 1 ss gressløk, finhakket
- 1 kopp grønnsaksbuljong
- 1 ts sitronsaft

Bruksanvisning:

- Sett Instant Pot på sauté-modus, tilsett oljen, varm den opp, tilsett løken og fres i 2 minutter.
- Tilsett potetene og resten av ingrediensene, unntatt rekene og vårløken, legg på lokket og stek på høy varme i 10 minutter.
- Slipp trykket naturlig i 10 minutter, sett pannen på sauté-modus, tilsett gressløk og reker, kok i ytterligere 4 minutter, del i små boller og server kaldt som forrett.

Næringsverdier per porsjon: kalorier 201, fett 9, fiber 4, karbohydrater 7, protein 10

Artisjokkpasta med ost

Forberedelsestid: 10 minutter

Koketid: 8 minutter

Porsjoner: 8

Ingredienser:

- 20 gram hermetiske artisjokkhjerter, drenert
- 8 gram kremost, myk
- 14 gram cheddarost, revet
- ½ kopp kyllingbuljong
- ½ kopp kokoskrem
- En klype salt og sort pepper
- 3 fedd hvitløk, finhakket
- 1 ts chilipulver

Bruksanvisning:

I Instant Pot, sleng artisjokkene med kraft, hvitløk, chilipulver, salt og pepper, sett på lokket og stek på høy varme i 8 minutter.

Slipp trykket naturlig i 10 minutter, overfør blandingen til en foodprosessor, tilsett de resterende ingrediensene, bland godt, del i boller og server.

Næringsverdier per porsjon: 200 kalorier, 8 fett, 2 fiber, 6 karbohydrater, 8 proteiner

Vegansk kokosrisottopudding

Porsjoner: 6

Koketid: 30 minutter

Ingredienser:

- ¾ kopp arborio ris
- ¼ kopp lønnesirup
- 1 ½ kopper vann
- ½ kopp revet kokos
- 1 skje sitronsaft
- ½ ts vanilje
- 15 gram kokosmelk

Bruksanvisning:

1. Tilsett alle ingrediensene i Instant Pot og bland godt.
2. Lukk kjelen med lokk og kok i manuell modus i 20 minutter.
3. La trykket slippe naturlig i 10 minutter og slipp deretter ved hjelp av hurtigutløsningsmetoden.
4. Rør godt og bruk en blender til å piske puddingen til den er jevn.
5. Server og nyt.

Næringsverdier per porsjon:

Kalorier: 284; Karbohydrater: 30,8g; Protein: 3,3g; Fett: 17,5g; Sukker: 8,3 g; Natrium: 15mg

Vanilje avokadopudding

Porsjoner: 2

Koketid: 3 minutter

Ingredienser:

- 1/2 avokado, i terninger
- 1 ts agarpulver
- 1/4 kopp kokoskrem
- 1 kopp kokosmelk
- 2 ts avvik
- 1 ts vanilje

Bruksanvisning:

1. Tilsett kokoskrem og avokado i blenderen og kjør til en jevn masse. Sett den til side.
2. I en stor bolle kombinerer du kokosmelk, vanilje, servering og agarpulver. Rør til det er godt blandet.
3. Tilsett kokoskremen og avokadoblandingen og rør godt.
4. Hell blandingen i en varmebestandig bolle.
5. Hell en kopp vann i Instant Pot og plasser en understell i potten.
6. Plasser bollen på toppen av stativet.
7. Lukk pannen med lokket og kok i dampmodus i 3 minutter.

8. Slipp trykket ved å bruke hurtigutløsningsmetoden og åpne lokket.
9. Ta bollen ut av pannen og la den avkjøles helt.
10. Sett bollen i kjøleskapet i 1 time.
11. Server og nyt.

Næringsverdier per porsjon:

Kalorier: 308; Karbohydrater: 27,9 g; Protein: 2,1g; Fett: 21,8g; Sukker: 19,6 g; Natrium: 32mg

www.ingramcontent.com/pod-product-compliance
Lightning Source LLC
Chambersburg PA
CBHW071429080526
44587CB00014B/1779